www.ingramcontent.com/pod-product-compliance
Lightning Source LLC
Chambersburg PA
CBHW040739300426
44111CB00026B/2983
* 9 7 8 1 4 7 5 3 3 6 0 1 6 *

Farsi Advance

Easy & Fast

Volume 2

Author

Shahla Shahbandeh

2020

فارسی

پیشرفته

(۲)

نویسنده و گردآورنده

شهلا شاه بنده

Shahla Shahbandeh

چاپ اول
2020

To my dear husband
Amir Morshed

Without him, writing this book could not have been accomplished. Thank you for your forever support.

به نام خداوند جان و خرد

خدایا مرا از تاریکی های فکرم بیرون کن

و با نور دانایی آشنایم کن

خدایا

بر من درهای بخشش خود را باز کن

و گنج های دانش را بر ما گسترده کن

با امید بخشش های تو

و نعمت های تو.......

ای مهربان ترین

Farsi Advance

Easy and Fast Volume (2)

Shahla Shahbandeh

Designing by: Amir Morshed

This book written in 2020 by Shahla Shahbandeh No part of this work may be used in any form without prior written permission of the publisher

Published: in the USA 2020 by Lulu Co.

ISBN : **978 1475 336016**

Price: ***$55.00***

Address :

156 S Fox Rd,
Sterling VA, USA 20164- 1307
Email: sshahla85@yahoo.com

عنوان کتاب : **فارسی پیشرفته**

نویسنده و گردآورنده : **شهلا شاه بنده**

کتاب دوم چاپ اول :

(سال ۲۰۲۰ میلادی برابر ۱۳۹۹ خورشیدی)

طراحی و صفحه آرائی : امیر مرشد

آمریکا - ویرجینیا

سخنی با شما

بسیار خوشحالم که سرانجام توانستم فارسی پیشرفته(۲) را برای دوستداران زبان فارسی و فرهنگ ایران زمین گردآوری کرده و بنویسم.

مهمترین انگیزه من در نوشتن کتاب پیش روی شما (**فارسی ۲**) دانشجویانم بوده اند که کتاب **فارسی (۱)** را به پایان رسانده و خواندن و نوشتن و گفتگو کردن با این زبان را آموخته اند و اکنون دوستدار یادگیری بیشتر درباره ایران و زبان زیبای فارسی می باشند.

در این کتاب کوشش کرده ام آگاهی و دانش بیشتری درباره ی ایران امروز با شناخت استان های ویژه در ایران زمین به خوانندگان بدهم. شناخت چهره های برجسته ی ادبیات معاصر ایران و سخنانی پر بار از اندیشمندان بزرگ ادبی و فرهنگی و چندین داستان آموزنده را هم برای آشنایی بیشتر با فرهنگ ایران زمین گردآوری کنم.

به ویژه کوشش کرده ام شناختی از ایران پس از گذشت ۴۰ سال از انقلاب را با نوشتن چند متن بر اساس دیدگاه شخصی ام به خواننده این کتاب بدهم.

سپاس ویژه از دوست عزیزم خانم مهناز پویا که در به کار بردن واژگان مناسب انگلیسی از او کمک گرفتم.

آرزوی هر ایرانی پیروزی و سر بلندی کشور کهن و فرهنگ پرور ایران است.

شهلا شاه بنده
2020

To the reader

I am glad that I was finally able to write the book "**Advanced Farsi**" (2) for individuals who are interested in Farsi language and Iranian culture.

My main motivation for writing this book has been my students who have completed the book **Farsi Easy and Fast** (1); have learned to read, write, and speak the language; and now are interested in learning more about Iran and the culture of Persian people.

In this book I have gathered more information about today's Iran by identifying specific provinces of the country, introducing prominent contemporary literary figures, mentioning a few words of great cultural thinkers, as well as adding several informative stories.

In particular, I have tried to give the readers an overview of Iran after 40 years of revolution with writing a few articles based on my view of Iran.

Special thanks to my dear friend Mahnaz Pooya who helped me with the understanding of the utilization of today's Farsi and English words.

The wish of every Iranian is the triumph of the ancient Iranian.

Shahla Shahbandeh
2020

فهرست

Contents

بخش اول درباره ایران ۱۱
تاریخ سلسله های ایران ۱۳
زبان و گویش های ایران ۱۵
کشور ایران ۱۹
مشخصات مراکز استان ها ۲۰
نقشه ایران ۲۳
موقعیت جغرافیایی در خاور میانه ۲۳
استان تهران ۲۵
استان مرکزی ۲۹
استان مازندران و گیلان ۳۳
استان خراسان شمالی ۳۷
استان خراسان رضوی ۴۱
استان خراسان چنوبی ۴۳
استان فارس ۴۷
استان اصفهان ۵۳
استان آذربایجان شرقی ۵۷
استان آذربایجان غربی ۶۱
استان خوزستان ۶۵
استان هرمزگان و بنادر ور جنوب ایران ۷۱
بخش دوم آشنایی با تهران بزرگ ۷۳
تاریخچه تهران بزرگ ۷۷
ورودی های تهران بزرگ ۸۱
جلوه های گردشگری در تهران ۸۵
جابه جایی در شهر تهران ۸۹
تاکسیرانی در تهران ۹۳
بازار و مراکز خرید در تهران ۹۵
نسل جوان ایران ۹۹
بخش سوم چهره های ماندگار در ادبیات و هنر معاصر ایران ۱۰۳
نیما یوشیج ۱۰۵
مهدی اخوان ثالث ۱۱۱

۹

فهرست

احمد شاملو ۱۱۵
فروغ فرخ زاد ۱۱۹
سهراب سپهری ۱۲۳
جبار باغچه بان ۱۲۷
حسین بهزاد ۱۳۱
عباس کیارستمی ۱۳۵
بخش چهارم: رسم ها و مثل ها - حکایت ها ۱۳۷
سفر بخیر ۱۳۷
در را مکه ۱۴۰
رسم قدیم ۱۴۲
قم ۱۴۳
ضرب المثل ۱۴۵
حکایت دوستی موش و قورباغه ۱۴۶
داستانی از کلیله و دمنه ۱۴۷
دوستی خاله خرسه ۱۴۸
نابودی درخت نخل (خرما) ۱۵۱
بخش پنجم برگزیده سخنان بزرگان ۱۵۳
شعر - هنر - انسان ۱۵۳
بخش ششم واژگان روزانه زبان فارسی ۱۶۳
وسژگیهای فردی (شخصی) ۱۶۵
چگو.نگی ها (صفت ها) ۱۶۶
احساس های انسان ۱۶۹
نام شغل ها ۱۷۰
در خیابان و چهار راه ۱۷۲
در مرکز خرید ۱۷۳
نام میوه ها و سبزیجات ۱۷۴
نام لباس ۱۷۵
واه های پارسی دستور زبان ۱۷۶
منابع ۱۷۸

بخش اول

درباره‌ی ایران

تاریخ سلسله های ایران

History of Iranian Dynasty

دوران باستان

نیا – ایلامی	۲۷۰۰ – ۳۲۰۰ ق.م
ایلام	۲۷۰۰ – ۵۳۹ ق.م
منانیان	۸۵۰ – ۶۱۶ ق.م

شاهنشاهی

ماد	۶۷۸ – ۵۵۰ ق.م
سکاها	۶۵۲ – ۶۲۵ ق.م
هخامنشیان	۵۵۰ – ۳۳۰ ق.م
سلوکیان	۳۱۲ – ۶۳ ق.م
اشکانیان	۶۳ ق.م ۲۴۷ پ.م
ساسانیان	۲۲۴ – ۶۵۱ پ.م

سده میانه

خلافت امویان	۶۶۱ – ۷۵۰ پ.م
خلافت عباسیان	۷۵۰ – ۱۲۵۸ پ.م
صفاریان	۸۶۸ – ۱۰۰۲ پ.م
آل بویه	۹۳۴ – ۱۰۵۵ پ.م
سامانیان	۸۷۵ – ۹۹۹ پ.م
زیاریان	۹۲۸ – ۱۰۴۳ پ.م
غزنویان	۹۶۳ – ۱۱۸۶ پ.م

سده میانه

سلجوقیان	۱۰۳۷ – ۱۱۹۴ پ.م
خوارزمشاهیان	۱۰۷۷ ۱۲۳۱ پ.م
ایلخانیان	۱۲۵۶ – ۱۳۳۵ پ.م
مظفریان	۱۳۳۵ – ۱۳۹۳ پ.م
چوپانیان	۱۳۳۵ ۱۳۵۷ پ.م
سربداران	۱۳۳۷ – ۱۳۷۶ پ.م
جلایریان	۱۳۳۶ – ۱۴۳۲ پ.م
تیموریان	۱۳۷۰ – ۱۴۰۵ پ.م
قراقویونلو	۱۴۰۶ – ۱۴۶۸ پ.م
آق قویونلو	۱۴۶۸ – ۱۵۰۸ پ.م

معاصر اولیه

صفویه	۱۵۰۱ – ۱۷۳۶ پ.م
افشاریه	۱۷۴۷ – ۱۷۹۶ پ.م
زندیه	۱۷۶۰ – ۱۷۹۴ پ.م
قاجاریه	۱۷۹۶ – ۱۹۲۵ پ.م

معاصر

پهلوی	۱۹۲۵ – ۱۹۷۹ پ.م
جمهوری اسلامی ایران	۱۹۷۹ – تا امروز

واژگان

زبان و گویش های ایران

عام	Common	محدود	Limited
مشترک	Common / joint	متداول	Current , usual
رسمی	Official , formal	گذشته از	Besides ,in addition to
ادبی	Literary	گفتار	Spoken ,
بخصوص	Especially	ادبیات	Literature
آشنا بودن با	To know with	زمان	Time
به کار بردن	To use	دارای.بودن= داشتن	To have something of
بهمراه / با هم	Together with, within	آثار (آثر)	(literary) work
محلی	Local ,regional	قرن	Century
نیز = هم	Also	شِعر گفتن	To compose poetry
وجود داشتن	To exist	بَعدها	afterwards
مانند	Like, similar	دَرمُقابل	Compared with
گونه	Kind , sort	(فارسی) دَری	Early standard Persian (Dari)
لهجه	Dialect	نمونه	Sample , example
به خلاف	Contrary to, Unlike	بِکار رفتن	To be used
رواج داشتن	To be current,	دو بیتی	Couplet

زبان و گویش های ایران

در ایران امروز یک زبان مشترک هست که **فارسی** خوانده می شود و زبان رسمی و ادبی ایران است و همه ی مردمان این سرزمین ، به ویژه کسانی که خواندن و نوشتن می دانند ، با آن آشنا هستند. چندین "زبان محلی" نیز وجود دارد که بستگی به موقعیت شهری- محلی آن دارد مانند : لری ، بلوچی ، گیلکی ، مازندرانی ، طالشی ، دزفولی ، سمنانی و مانند آنها. این گونه زبان ها را زبان محلی (گویش) می خوانیم. این زبان ها ، تنها در ناحیه ی محدودی از ایران متداول است. گذشته از این بیشتر آنها زبان گفتاری است ، نوشته نمی شود و ادبیات ندارد.

زبان فارسی یک سده پیش از لاتین و ۱۲ سده قبل از انگلیسی وجود داشته است و از ۱۰ شاعر برتر جهان ۵ نفر از آن‌ها فارسی‌زبان هستند

برخی از این گویش ها هر یک در زمانی دارای آثار ادبی بوده است از آن جمله به زبان طَبَری یا مازندرانی که تا قرن پنجم با این گویش شعر می گفته اند و کتاب می نوشته اند. دو بیتی های **بابا طاهر** نیز نمونه ی شعر یکی از گویش های محلی است که در نزدیک شهر هَمدان متداول بوده است. اما بعدها در برابر گسترش زبان <u>فارسی امروزی</u> که زبان رسمی و مشترک همه ی ایرانیان است این لهجه ها کمتر شده و دیگر در نوشتن به کار نرفته است.

زبان فارسی در نظر بسیاری از کارشناسان ادبیات جهان یکی از شیرین ترین زبان های دنیاست که نکته های غرور آفرینی دارد

زبان فارسی در ۲۹ کشور جهان صحبت می شود و در ردیف ششم پس از اسپانیایی و قبل از زبان آلمانی رده بندی شده است

زبان فارسی دومین زبان کلاسیک دنیا پس از زبان یونانی می باشد و همه ویژگی های یک زبان کلاسیک را دارد.

زبان فارسی از جهت گوناگون مَثَل(ضرب المثل) بین سه کشور اول دنیاست.

- زبان فارسی توانایی ساختن **۲۲۵** ملیون واژه را دارد و زبان پر کاربُرد در محتوای " وب در اینترنت"[۲۴] است.
- زبان فارسی یک سده پیش از زبان لاتین و ۱۲ سده پیش از زبان انگلیسی وجود داشته است و از ۱۰ شاعر برتر جهان ۵ نفر آن ها فارسی زبان هستند.
- در کمتر زبان و فرهنگ لغتی مانند لغت نامه ی ۱۸ جلدی **دهخدا** و یا **فرهنگ معین** در ۶ جلد دیده می شود.
- زبان فارسی زبانی است که می توان چندین کنش (فعل) را در کنار هم گذاشت و جمله ای با مفهوم ساخت مانند:

داشتم می رفتم دیدم دل گرفته است گفتم بذار بپرسم می آید یا نمی آید؟ دیدم می گوید نمی خواهم بیایم می خوام بِروم بگیرم بِخوابَم.

(برگرفته از کتاب : درباره زبان فارسی – دکتر ناتل خانلری)

پرسش:

- ارزش های یک زبان را در چه می دانید؟
- آگاهی و دانستن یک زبان چه توانایی هایی را به ما می دهد؟
- چه زبان هایی را می شناسید و یا با آن آشنا هستید؟

[24] Web Internet

بازنویسی: -

واژگان

کشور ایران

کشور	Country	مَرطوب	Damp , humid
بَحر خَزَر (شمال ایران)	Caspian sea	بیش از	More than
قرار داشتن	To be situated	اَبری	Cloudy
خلیج	Golf	بارانی	Rainy
کوه	Mountain	کَویر – بیابان	Desert
اِدامه داشتن	To continue	دَشت	Plain , field
قُله	Peak	لوت	Lut desert
ارتفاع	Height	سَرزَمین	Land , country
از نَظر	In terms of	اَطراف	Around
آب و هوا	Climate	خُشک	Dry
ناحیه	Region	معمولا	Usually
مختلف	Different , various	دوره	Period
تَقسیم شده	Divided	گرما	Heat , hot weather
کوهستانی	Mountainous region	طولانی	Prolonged , long
سرد	Cold	هم مرز	Coborder
مُعتدِل	Moderate , temperate	موقعیت سیاسی	Political situation
کِناره	Shore	نقش ویژه	Special role

کشور ایران
IRAN

ایران بزرگترین کشور خاور میانه است. و جمعیت آن نزدیک به هشتاد و پنج ملیون (۸۵۰۰۰۰۰۰) نفر است. که به نسبت پیش از انقلاب سال ۱۳۵۷ خورشیدی (۱۹۷۹ میلادی) بیشتر از ۲ برابر شده است ایران در خاورمیانه از جهت سیاسی موقعیت ویژه ای دارد

پایتخت ایران شهر **تهران** است که در دامنه ی کوه البرز قرار دارد و بیشترین جمعیت ایران را در خود جای داده است.

مردم ایران در وابستگی با موقعیت جغرافیایی دارای گویش ها و سنت های متفاوت می باشند.

ایران دارای ۳۱ استان است و در تقسیمات کشوری آن (استانداری – فرمانداری – بخشداری) بر اساس جمعیت تعریف گردیده است.

از نظر آب و هوا ایران به سه ناحیه مختلف تقسیم می شود.

اول ناحیه کوهستانی که آب و هوای سرد یا معتدل دارد.

دوم ناحیه کناره دریای مازندران که آب و هوای مرطوب دارد. در این ناحیه دویست روز در سال هوا ابری و بارانی است.

دریای مازندران (بحر خزر) در شمال ایران قرار دارد. و بزرگترین دریاچه دنیا می باشد و در آن صید انواع ماهی های خاویاری بخشی از اقتصاد منطقه را تشکیل می دهد.

سوم ناحیه کویر و دشت لوت و سرزمینهای اطراف آن که آب و هوای گرم و خشک دارد. در این ناحیه معمولا دوره گرما طولانی و باران کم می بارد.

کشور های هم مرز با ایران از شمال ترکمنستان ، قزاقستان ، روسیه ، آذربایجان و ارمنستان و از غرب با ترکیه ، عراق و از شرق با افغانستان ، پاکستان و همچنین از جنوب از طریق مرزهای آبی با عربستان ، قطر ، بحرین ، امارات ، کویت ، عمان هم مرز است

سراسر جنوب ایران را خلیج بسیار بزرگ بنام **خلیج فارس** و دریای عمان پوشانده است که این بخش هم در موقعیت سیاستی ایران نقش ویژه ای دارد.

پرسش:
- آیا دوست دارید سفری به ایران داشته باشید؟
- چه ویژه گی در ایران برای شما جذابیت بیشتری دارد؟
- ایران امروز را چگونه قضاوت می کنید؟ موقعیت ایران در خاورمیانه

مشخصات مراکز استان‌ها

کد استان	نام استان	مرکز	جمعیت سال ۱۳۹۷ش(۲۰۱۹م)	شهرهای مهم	موقعیت در نقشه ایران
۱	گیلان	رشت	۲,۵۳۰,۶۹۶	بندر انزلی، لاهیجان و لنگرود	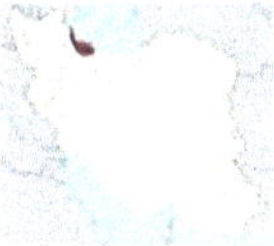
۲	مازندران	ساری	۳,۲۸۳,۵۸۲	آمل، بابل و قائم‌شهر	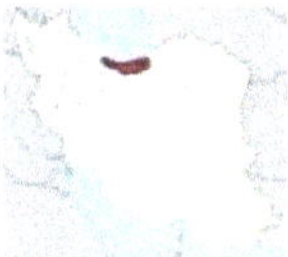
۳	آذربایجان شرقی	تبریز	۳,۹۰۹,۶۵۲	مراغه، مرند و اهر	
۴	آذربایجان غربی	ارومیه	۳,۲۶۵,۲۱۹	خوی، بوکان و مهاباد	
۵	کرمانشاه	کرمانشاه	۱,۹۵۲,۴۳۴	اسلام‌آباد غرب، کنگاور و جوانرود	
۶	خوزستان	اهواز	۴,۷۱۰,۵۰۹	دزفول، آبادان و بندر ماهشهر	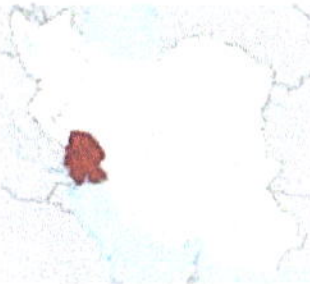
۷	فارس	شیراز	۴,۸۵۱,۲۷۴	مرودشت، جهرم و فیروزآباد	
۸	کرمان	کرمان	۳,۱۶۴,۷۱۸	سیرجان، رفسنجان و جیرفت	
۹	خراسان رضوی	مشهد	۶,۴۳۴,۵۰۱	نیشابور، سبزوار، قوچان و تربت حیدریه	
۱۰	اصفهان	اصفهان	۵,۱۲۰,۸۵۰	کاشان، خمینی‌شهر و نجف‌آباد	

کد استان	نام استان	مرکز	جمعیت سال ۱۳۹۷ش(۲۰۱۹م)	شهرهای مهم	موقعیت در نقشه ایران
۱۱	سیستان و بلوچستان	زاهدان	۲،۷۷۵،۰۱۴	زابل، ایرانشهر و چابهار	
۱۲	کردستان	سنندج	۱،۶۰۳،۰۱۱	سقز، مریوان و بانه	
۱۳	همدان	همدان	۱،۷۳۸،۲۳۴	ملایر، نهاوند و اسدآباد	
۱۴	چهارمحال و بختیاری	شهرکرد	۹۴۷،۷۶۳	بروجن، لردگان و فرخشهر	
۱۵	لرستان	خرم‌آباد	۱،۷۶۰،۶۴۹	بروجرد، دورود و کوهدشت	
۱۶	ایلام	ایلام	۵۸۰،۱۵۸	دهلران، ایوان و آبدانان	
۱۷	کهگیلویه و بویراحمد	یاسوج	۷۱۳،۰۵۲	دوگنبدان، دهدشت و یاسوج	
۱۸	بوشهر	بوشهر	۱،۱۶۳،۴۰۰	برازجان، بندر کنگان و بندر گناوه	
۱۹	زنجان	زنجان	۱،۰۵۷،۴۶۱	ابهر، خرمدره و قیدار	
۲۰	سمنان	سمنان	۷۰۲،۳۶۰	شاهرود، دامغان و گرمسار	
۲۱	یزد	یزد	۱،۱۳۸،۵۳۳	میبد، اردکان و حمیدیا	

کد استان	نام استان	مرکز	جمعیت سال ۱۳۹۷ش(۲۰۱۹ م)	شهرهای مهم	موقعیت در نقشه ایران
۲۲	هرمزگان	بندرعباس	۱،۰۷۷۶،۴۱۵	میناب، دهبارز و بندر لنگه	
۲۳	تهران	تهران	۱۳،۲۶۷،۶۳۷	شهریار،اسلامشهر، ملارد و قدس	
۲۴	اردبیل	اردبیل	۱،۲۷۰،۴۲۰	پارس‌آباد، مشگین‌شهر و خلخال	
۲۵	قم	قم	۱،۲۹۲،۲۸۳	قنوات، جعفریه و کهک	
۲۶	قزوین	قزوین	۱،۲۷۳،۷۶۱	الوند، تاکستان و بوئین زهرا	
۲۷	گلستان	گرگان	۱،۸۶۸،۸۱۹	گنبد کاووس، علی‌آباد کتول و بندر ترکمن	
۲۸	خراسان شمالی	بجنورد	۸۶۳،۰۹۲	شیروان، اسفراین و آشخانه	
۲۹	خراسان جنوبی	بیرجند	۷۶۸،۸۹۸	قائن، طبس و فردوس	
۳۰	البرز	کرج	۲،۷۱۲،۴۰۰	کمال‌شهر، نظرآباد و محمدشهر	
۳۱	مرکزی	اراک	۱،۴۲۹،۴۷۵	ساوه، خمین و محلات	

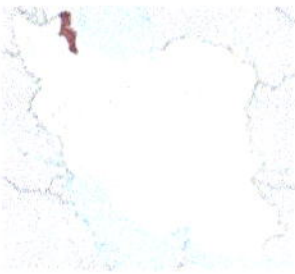

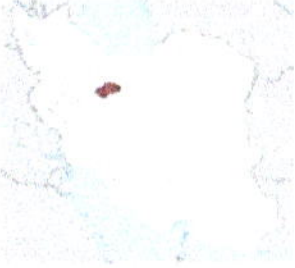

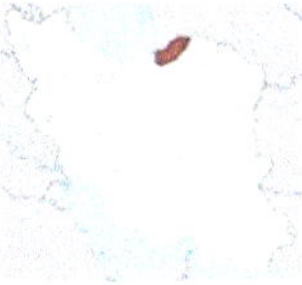

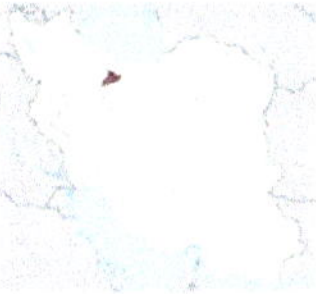

براساس آخرین وضع تقسیمات کشوری در پایان سال خورشیدی (۲۰۱۹ م) کشور ایران ۳۱ استان ، ۴۳۴ شهرستان ، ۱۳۱۹ شهر ، ۱۰۷۱ بخش ، ۲۶۰۱ دهستان ۱۰۷۱ ، ۹۷۹۱۷ آبادی و ۲۱ فرمانداری ویژه تشکیل شده است که در این کتاب نام برده شده است ۱۳۹۷

نقشه ایران
موقعیت جغرافیایی در خاورمیانه
IRAN & Middel East

همسایه های مرز های دریایی	همسایه های مرز های خشکی
عمان	پاکستان
قطر	افغانستان
کویت	ترکمنستان
امارات	جمهوری آذربایجان
بحرین	ارمنستان
عربستان	ترکیه
قزاقستان	عراق
روسیه	

واژگان
استان تهران

Effective	تاثیر گذار	Country divisions	تقسیمات کشوری
Dust	گرد و غبار	Is limited	محدود می شود
Compensate	جبران می کند	Population	جمعیت
The source	سرچشمه	Mountain slope	دامنه کوه
Aqueduct	قنات	Factor influential	عامل تاثیرگذار
Fountain/spring	چشمه	Jungle/ forest	جنگل
Mineral water	آب معدنی	Desert plain	دشت کویر
Water sources	منابع	Political decision	تصمیم گیری سیاسی
Migration	مهاجرت	Negative	منفی
Relative	اقوام	Desert	کویر

استان تهران

در تقسیمات جدید کشور ایران تهران یک استان نام گذاری شده است و مرکز آن" شهر **بزرگ تهران**" است. این استان از شمال به استان مازندران از جنوب به استان قم و از غرب به استان البرز و از شرق به استان سمنان و از جنوب غربی به اُستان مرکزی محدود می شود.

شهر بزرگ تهران پایتخت کشور ایران می باشد.

استان تهران دارای شانزده شهرستان است که نزدیکترین آن به تهران شهرستان **شمیرانات** است این استان بیش از ۱۳ ملیون نفر جمعیت دارد و در دامنه جنوبی رشته **کوه های البرز** مرکزی قرار گرفته که استان تهران در بخش مرکزی این رشته کوه می باشد.

آب و هوای تهران به سه عامل تاثیر گذار وابسته است.

۱-رشته کوه های البرز در شمال

۲-وزش باد های باران زای غربی.

۳-دشت کویر جنوب استان.

در بخش های گوناگون این استان جنگل های طبیعی و پراکنده وجود دارد بخشی از این جنگل ها در سالهای اخیر به فضای ها و پارکهای جنگلی تبدیل شده اند که بزرگترین آن ها پارک **چیتگر** در غرب تهران و **پارک جنگلی لویزان** در شمال شرقی و **پارک جنگلی سوهانک** در سطح استان تهران می باشد.

استان سمنان که در شرق استان تهران است و دشت قزوین و کویر قم از عوامل منفی تاثیر گذار بر آب و هوای استان تهران هستند و سبب گرما و خشکی هوا همراه با گرد و غبار می شوند.

وجود رشته کوه های البرز در شمال تهران دلیل آب و هوای خوب در این استان است.

وجود رودخانه های همیشگی مانند **رودخانه ی کرج ، رودخانه ی جاجرود ، لار و طالقان** سبب شده تا استان تهران منابع آبی کم نداشته باشد بیشترین رودها از کوه های البرز سرچشمه می گیرند امکانات لوله کشی از سد هایی چون **سَد امیر کبیر ، لتیان و رود لار** تا اندازه ای در

استان تهران آب مورد نیاز مردم را فراهم می کند. وجود قنات ها در گذشته از منابع آب زیرزمینی بوده است.

امروز استان تهران با مهاجرت اقوام گوناگون از سراسر ایران یکی از پر جمعیت ترین پایتخت های دنیاست و مرکز تصمیم گیری های سیاسی ایران است.

پرسش:

- پایتخت را چگونه شهری می شناسید؟

- مهمترین رشته کوهی که در کشور خود می شناسید کدام است؟

- عوامل تاثیر گذار بر آب و هوای تهران بزرگ چیست؟

- کدام استان و کدام دشت ها عامل منفی برای آب و هوای تهران می باشد؟

- **منابع آب رسانی شهر بزرگ تهران** کدام است؟

بازنویسی:

واژگان
استان مرکزی

Powe station	نیروگاه	Industrial	صنعتی
petrochemical	پتروشیمی	The most well known	شناخته شده ترین
Rifinary	پالایشگاه	Vegetation	پوشش گیاهی
Products	محصولات	Department of environment	سازمان حفاظت محیط زیست
technical	فنی	Ram	قوچ
Professional	حرفه ای	Ewe	میش / گوسفند ماده
Did'nt develop	عقب افتاد	Goat	بز
Operation	عملیات	Deer	آهو
Experts	متخصصان	Tiger	پلنگ
Usage	کاربرد	Pig / peccary	گراز
Antipodal / opposed	مخالفان	Hunting area	شکارگاه
Claim / lay	ادعا کردن	Ability	قابلیت
Development	گسترش	To growing	پرورش
Nuclear weapon	سلاح هسته ای	decorative	زینتی
Mine	معدن	Bean	لوبیا
Equipment	تجهیزات	Pomogrand	انار
Active	فعال	Brand	علامت تجاری
Acesse	دسترسی	Emigrant	مهاجر
Decorative stone	سنگهای تزئینی	Variety	تنوع
Rail way	راه آهن	Boiler	بویلر

استان مرکزی

استان مرکزی در شمال شرقی استان تهران است. بزرگترین شهر و مرکز آن شهر **اراک** است ، اراک پایتخت صنعتی ایران نیز شناخته می شود.

استان مرکزی دارای ۱۲ شهرستان است که شناخته شده ترین آن اراک ، تفرش ،ساوه ، محلات ، فراهان ، آشتیان ،خمین و چند شهرستان دیگر است.

استان مرکزی از نظر پوشش جنگل های طبیعی بسیار ناتوان است از جنگل های موجود در استان می توان به پارک جنگلی و جنگل های دست کاشت اشاره کرد.

سازمان حفاظت محیط زیست بخشی از این استان را به دلیل پوشش های گیاهی و جانورانی هم چون قوچ ، میش ، بز ، آهو ، پلنگ و گراز در کنترل دارد. در گذشته برخی از این مناطق یکی از بهترین شکارگاه های ایران به حساب می آمده است.

مهمترین قابلیت های کشاورزی در استان مرکزی پرورش و تولید گل و گیاه است که شهرستان مَحَلات شناخته شده ترین شهر پرورش گل و گیاهان زینتی در کشور می باشد. همچنین انار در شهرستان ساوه که شهرت جهانی دارد و یک علامت[23] تجاری شناخته شده است. تولید پسته ارگانیک این استان رتبه ششم تولید پسته کشور را دارد.

استان مرکزی مهاجر پذیرترین استان های ایران است نزدیک بودن به تهران دلیل مهم به این مهاجرت است.

استان مرکزی سرزمین بزرگان علم و ادب و سیاست و مفاخر است از جمله این زنان و مردان بزرگ می توان : **پرفسور حسابی** در فیزیک و مهندسی ،**میزا تقی خان امیرکبیر** صدر اعظم ناصرالدین شاه ، **محمد مصدق** نخست وزیر و عامل ملی شدن صنعت نفت ایران ، **فروغ فرخزاد** شاعره بزرگ و توانای معاصر ، پروین اعتصامی شاعر و نویسنده معاصر و **روح اله خمینی** پایه گذار جمهوری اسلامی و شمار زیادی دیگر از سیاستمداران و نویسندگان را نام برد.

[23] Brand

. استان مرکزی از استان های صنعتی ایران است از میان صنایع گوناگون می توان ماشین آلات کشاورزی ،پتروشیمی ، و انواع سنگ های ساختمانی و تزئینی را نام برد که مرکز اصلی این صنایع در شهر های **اراک** ، **ساوه** ، **محلات** ، **دلیجان** هستند.

پالایشگاه نفت اراک (امام) یکی از پالایشگاه های بزرگ ایران است و نخستین پالایشگاهی است که کار مطالعه و عملیات اجرای آن بعد از انقلاب اسلامی و در نخستین سال پس از جنگ ایران و عراق آغاز شد و بزرگترین طرح تولید بنزین کشور در این پالایشگاه اجرا گردید.

پتروشیمی شازند اراک یکی از مراکز تولید محصولات پلیمری و شمیایی است و ۳۵ شهرک صنعتی در این استان وجود دارد.

نیروگاه های برق حرارتی در این استان ۵ درصد برق کشور را تولید می کند.

فعالیتهای هسته ای با تلاش برای تهیه آب سنگین و سبک در ایران در سال(۱۳۶۳ش۱۹۸۴ میلادی) بعد از انقلاب بطور آزمایشگاهی و با استفاده از روش الکترولیز انجام شد ولی این تلاشها نتیجه ای نداشت. با پیشنهاد سازمان انرژی اتمی ایران اجرای صنعتی تولید آب سنگین در سال (۱۳۷۷ ش ۱۹۹۸ م) دوباره آغاز شد ولی با توجه به محدودیت علمی و فنی و حرفه ای این پروژه عقب افتاد ، ولی سر انجام عملیات سایت یابی انجام شد و منطقه ی اراک انتخاب گردید تمام مراحل ساخت و راه اندازی این سایت توسط متخصصان ایرانی در سال(۱۳۸۵ ش ۲۰۰۶ م) آغاز و به بهربرداری رسید.

تولیدات این نیروگاه هسته ای آب سبک و سنگین می باشد که در زمینه های پزشکی و فیزیک کاربرد دارد .

در استان مرکزی سنگهای تزئینی مانند: تراورتن ، مرمریت ،گرانیت در شهرستان محلات تولید و صادر می شود.

در سال۱۳۱۷ شمسی (۱۹۳۸ م) فرودگاه اراک ساخته شد و پس از انقلاب فرودگاه جدید که تنها فرودگاه این استان و بین المللی است راه اندازی و مورد استفاده قرار گرفت.

راه های دسترسی به این استان، آزاد راه های گوناگون و همچنین راه آهن سراسری می باشد که به دستور رضا شاه پهلوی در مسیر این استان قرار گرفت و ایستگاه اراک از مهمترین ایستگاه های راه آهن خط جنوب است که تا کنون فعال است.

پرسش:

- ویژگی استان مرکزی در چیست؟
- پتروشیمی و محصولات پلیمری در کدام شهرستان استان مرکزی وجود دارد؟
- درباره نیروگاه هسته ای و تولید آب سبک و سنگین شما چه فکر می کنید؟
- انرژی هسته ای چه نقشی در پیشرفت یک کشور دارد؟

واژگان
استان مازندران و گیلان

Facility	اِمکانات	Mild climate	معتدل
Welfare	رفاهی	Beautiful nature	طبیعتی زیبا
Resorts	استراحتگاه	Passenger	مسافر
Dormitory	شبانه روزی	Speciality	ویژگی
Is available	فراهم است	Connection	اتصال داشتن
Fish	ماهی	Caspian sea	دریای خزر
Local	محلی	Beach	ساحل
Favore	دلخواه	Tourisme	گردشگری
Fishing	صید ماهی	Way to access	راه دستیابی
Peninsula	شبه جزیره	Done	انجام شده
Golf	خلیج	The beganing of road	ابتدای جاده
Most famous	مشهورترین	Tunel	تونل
To use	استفاده کردن	Along the way	طول راه
Region / zone	منطقه	Boarder	مرز
High	ارتفاع	Mountains	رشته کوه
View	منظره / مناظر	Highest	بلندترین
Enjoyable	لذتبخش	Top of the mountain	قله
Do not forget	فراموش نکنید	Climber	کوهنورد
		On the way	دَر مسیر

استان مازندران و گیلان

استان مازندران و گیلان در شمال ایران ودر جنوب <u>دریای خزر</u> (کاسپین) قرار دارد و به دلیل داشتن آب و هوای معتدل و طبیعتی زیبا بیشترین مسافر را در فصل تابستان دارد.

ویژگی برتر این دو استان نزدیکی آنها به دریای خزر می باشد که در ساحل هر دو استان هتل ها و تفریح گاه ها و خانه های زیبایی ساخته شده است که جاذبه ی گردشگری آن را بیشتر می کند. مرکز استان مازندران شهر **ساری** و مرکز استان گیلان شهر **رشت** است.

راه دستیابی تهران به استان مازندران جاده های زیبای **"هراز"** ، **"فیروز کوه"** ، **"چالوس"** است و جاده چالوس که بسیار زیبا می باشد کوتاه تر از جاده هراز و فیروز کوه است. سد قدیمی و آب رسان به شهر تهران" **سد کرج**" در ابتدای جاده چالوس می باشد و تونل بسیار مشهور **"کندوان"** به طول ۲ کیلومتر مرز میان استان مازندران و استان البرز در این جاده است این تونل در زمان پهلوی اول ساخته شد.

راه دسترسی تهران به استان گیلان جاده ی "کرج و قزوین به رشت" می باشد.جاده هراز ابتدا از شهر رودهن و سپس از آبعلی می گذرد و به شهر آمل در میان راه استان مازندران می رسد. و همچنین جاده فیروز کوه از "رودهن " آغاز و پس از گذشتن از شهر دماوند و فیروزکوه به شهرستان قائم شهر (شاهی سابق) به شرق استان مازندران می رسد.

رشته کوه البرز در سراسر این استان ها ادامه دارد بلندترین قله ی این رشته کوه **" قله ی دماوند"** است که در شرق استان تهران قرار دارد

همچنین **قله ی توچال** که هر سال کوهنوردان بسیاری تا رسیدن به قله آن کوهنوردی می کنند.

در مسیر های گوناگون رسیدن به این دو استان امکانات رفاهی مورد نیاز مسافران مانند: رستوران استراحتگاه شبانه روزی فراهم است .

انواع ماهی های دریای خزر و خوراک های محلی ، خوراک (غذا) دلخواه مردمان این استان ها می باشد شرق استان مازندران مرکز صید ماهی های **خاویاری** و پرورش آن است نام این منطقه زیبا

شبه جزیره " **آشورا ده و بندر ترکمن** " در خلیج گرگان است. **خاویار ایران مشهورترین خاویار دنیاست.** خوراک های محلی استان گیلان مانند (میرزاقاسمی- کته کباب – ماهی سفید- باقالاقاتق- ترشی تره) که بسیار شناخته شده است . در سرتاسر راه رستوران های این دو استان آماده ی پذیرایی مسافران می باشد.

منطقه زیبای **نمک آبرود** در استان مازندران است که تله کابین آن تا ارتفاع بالای کوه در حرکت است و یکی از مراکز گردشگری می باشد. اگر به این استان سفر کردید استفاده از تله کابین و دیدن مناظر زیبای این منطقه را در برنامه داشته باشید و اگر به استان گیلان رفتید دیدن پلاژ غازیان و شهر زیبای " **آستارا** " را فراموش نکنید.

*****

پرسش:

- ویژه گی استان های شمالی مازندران و گیلان چیست؟
- صید ماهی خاویار درکدام استان شمالی بیشتر انجام می شود؟
- آیا درباره ی خاویار ایران شنیده اید؟

بازنویسی:

واژگان
استان خراسان شمالی

Agricaltural	کشاورزی	East	شرق
To Ranch	دامداری کردن	Government approval	تصویب دولت
Meat product	فرآورده گوشتی	A minority	اقلیت
Agricultural & industry	کشت و صنعت	Sunni	سنی
Livestock	دام	Coborder	هم مرز
Production	تولید	Race / tribe	اقوام
Raisins	کشمش	Natives	بومیان
Dairy	لبنیات	Geology	زمین شناسی
Delicious	لذیذ / گوارا	Cement factory	کارخانه سیمان
Medical siences	علوم پزشکی	Plastic factory	کارخانه پلاستیک
Spectacular spaces	فضاهای دیدنی	Pipe	لوله
		Petrochemical industry complex	مجتمع صنعتی پتروشیمی

خراسان شمالی

خراسان شمالی در شرق ایران و مرکز آن "**بُجنورد**" است که بزرگترین شهر این استان می باشد این استان پس از تصویب دولت و تقسیم خراسان، به سه استان نامگذاری شد.

این استان دارای هشت شهرستان است آثار قدیمی کشف شده در این استان نشانه ای از قدیمی بودن آن بیش از دوازده هزار سال پیش است.خراسان شمالی با کشور ترکمنستان هم مرز است.

بیشتر مردم خراسان مسلمان و شیعه هستند و شامل **کُردها، ترک ها و فارس** های استان هستند کمی هم اقلیت سُنی (ترکمن ها) در این استان زندگی می کنند.

اقوام ساکن در این استان فارسی زبان، تات زبانان ، رازی زبانان ، ترکمن ها و ترک ها می باشند که با زبان فارسی – تاتی – کُردی – تُرکمَنی – و تُرکی صحبت می کنند. از میان این اقوام بیشتر کردها جمعیت استان را تشکیل می دهند ."تات ها" بومیان این استان هستند.

خراسان شمالی از نظر ناهمواری به سه بخش **کوهستانی** و **پست** و **هموار** تقسیم می شود کوه های این استان شباهت زیادی از جهت ساختاری زمین شناسی با کوه های زاگرُس دارند.

مجتمع صنعتی **پتروشیمی** ، **کارخانه سیمان** ، **کارخانه های پلاستیک** ، **لوله و پروفیل** و همچنین **کارخانه آرد** درشهرستان بجنورد است .

در این استان همچنین می توان از فرآورده های **گوشتی** و کشت و صنعت **خوراک دام** و مراکز تولید **کشمش و زعفران** نام برد. **لبنیات** استان خراسان شمالی بسیار گوارا و لذیذ می باشد.

دانشگاه ها ی این استان دانشجویان بسیاری در رشته های گوناگون دارد دانشگاه **علوم پزشکی** دانشگاه **پیام نور** دانشگاه **فرهنگیان و آزاد** در رشته های کارشناسی و کارشناسی ارشد دانشجو می پذیرند.

در این استان فضاهای دیدنی و مکان های تفریحی گوناگون برای گردشگران وجود دارد.

پرسش:

- ویژگی استان خراسان شمالی در چیست؟

- قدیمی بودن این استان چگونه شناخته شد؟

- خراسان شمالی با کدام کشور هم مرز است؟

- چه اقوامی در این استان زندگی می کنند؟

منطقه ای در خراسان شمالی در فصل پاییز

بازنویسی:

واژگان
استان خراسان رضوی

Center	کانون	The Fifth	پنجمین
The history of civilie	تاریخ تمدن	Tomb	آرامگاه
Vastness	وسعت زیاد - پهناور	Witness	شاهد
Afghani	افغانی	Dynasty	سلسله
Gross Domestic Products	تولید ناخالص داخلی	State	استان
Serious problem	مشکل جدی	Empire	امپراتوری
Development	گسترش - توسعه	The beginning	سر آغاز
		Plateau	فلات

مسجد گوهر شاد

Ghoharshad Mosque

خراسان رضوی

این استان در شمال شرقی ایران و مرکز آن شهر **مشهد** است و پنجمین استان ایران است نام **رضوی** بر این استان اشاره به آرامگاه "**امام رضا**" هشتمین امام مسلمانان شیعه دارد.

این استان بیست و هشت شهرستان دارد خراسان شاهد به وجود آمدن و از بین رفتن سلسله ها و دولت های بسیاری در این بخش از سرزمین ایران بوده است عرب ها، کردها، مغول ها و افغان ها در زمان های گوناگون تغییراتی در این استان بوجود آورده اند.

در **دوران باستان** ایران به هشت بخش تقسیم می شد که **خراسان** بزرگترین و برجسته ترین آن ها بوده است **امپراتوری اشکانیان و ساسانیان** در این بخش از ایران بوده است ولی در حقیقت مهم ترین زمان تاریخی استان خراسان در سر آغاز دوران تاریخی ایران و با ورود اقوام آریایی به فلات ایران است این رویداد در هزاره ی اول قبل از میلاد مسیح بوده و بیشتر آریایی ها در خراسان وسیستان ساکن شدند. در شاهنامه فردوسی به این رویدادهای تاریخی اشاره شده است. خراسان بزرگ یکی از کانون های شکل گیری تاریخ تمدن بشری بوده است.

از شهرستان های مهم این استان، "**مشهد**" است که مرکز استان می باشد و شهرهای قوچان، سرخس، فریمان، تربت جام، نیشابور و چندین شهرستان دیگر است.

استان خراسان رضوی به دلیل وسعت زیاد از نظر شرایط طبیعی بسیار گوناگون و هر یک از نواحی مختلف آن دارای ویژگی خاصی است، این استان از شمال و شمال شرقی با ترکمنستان و از شرق با افغانستان هم مرز است و امروزه به ویژه از نظر سیاسی دارای شرایط خاص می باشد. میزان بارندگی و رطوبت در این استان متوسط می باشد.

خراسان رضوی با جمعیت ۷ ملیون نفر دومین استان پر جمعیت ایران است در این استان حدود **۲۲۰ هزار افغانی** ساکن هستند.

اقتصاد این استان تا حدود ی وابسته به درآمد مِلی نفت است ، کِشاورزی استان با مشکل جدی روبرو است ولی بخش صنعت این استان گُستَرشِ زیادی داشته است.

پرسش:

- اهمیت سیاسی استان خراسان رضوی در چیست؟
- اهمیت این استان از جهت مذهبی به چه دلیل است؟
- اهمیت این استان ازجهت مرزهای شرقی(ترکمنستان و افغانستان) به چه دلیل است؟

واژگان
استان خراسان جنوبی

سفر نامه	Travelogue	رتبه	Grade
جهانگرد	Tourist	تولیدات باغی	Garden product
معروف	Famouse	پنبه	Cotton
فرمانداری	Government	شهرت جهانی	Global reputation
معاونت	Deputy	محصولات	Products
استانداری	Provincial government	چغندر قند	Suger beet
تبدیل شد	Became / transfer	به گونه سنتی	Traditionally
میراث	World heritage	ظرفیت	Capacity
ساخته شد	Has been builted	معادن	Mines
ثبت شده	Registered	مس	Copper
جاذبه های گردشگری	Tourism attractions		

خراسان جنوبی

خراسان جنوبی در شرق ایران و مرکز آن شهر **بیرجند** است این استان به دلیل وسعت زمین سومین استان ایران است و جمعیت آن حدود ۹۰۰ هزار نفر می باشد.

نقشه ی ایران در زمان حکومت خلفای عباسی این استان قَهستان (شهر های فردوس ، قائن ، طبس) نامیده شده است (قرن ۴ ه ق) برابر (قرن ۱۰ م)

مارکوپولو جهانگرد معروف در سفر نامه ی خود از این بخش با نام " تون و قاین " یاد کرده است در سده های اخیر و به ویژه از دوران قاجار قاین و فردوس اهمیت خود را از دست داد و شهر بیرجند اهمیت بیشتری یافت.

در سال ۱۳۹۱ شهر طَبَس از استان یزد جدا و به خراسان جنوبی پیوست . این پیوستن واکنش هایی در بر داشت و فرمانداری این شهر به معاونت استانداری تبدیل شد.

این استان از شرق با کشور افغانستان هم مرز است. و دارای یازده شهرستان است که مهمترین آن ها بیرجند ، فردوس ، طبس و قائنات می باشد.

جاذبه های گردشگری اُستان باغ اکبریه (میراث جهانی یونسکو) و مدرسه عُلیای فردوس ساخته شده در دوره ی صفویه می باشد. یکی از قدیمی ترین جاذبه های گردشگری " سنگ نگاره کال" و مربوط به دوره ی اشکانی است. مکان های گردشگری دیگری هم در این استان وجود دارد.

استان خراسان جنوبی رتبه اول **تولیدات باغی** مانند **زرشک** و رتبه دوم تولید **زعفران** و **پنبه** را در ایران دارد محصولات کشاورزی این استان شهرت جهانی دارند مانند انار ، پنبه ، بادام ، سیب **،گلابی ، گیلاس ،آلبالو ، هلو خرما و انجیر** .....و همچنین **چغندر قند** که رتبه هشتم کشور را داراست.

در بخش دامپروری پرورشِ مُرغِ گوشتی ، گاو شیری و گوشتی ، گوسفند و بز و شتر به گونه ی سنتی انجام می شود.

این استان ظرفیت بسیار بالایی در بخش معادن دارد به ویژه **معدن مس** و **اورانیوم** و **گرانیت**.

این استان مانند هر استان دیگر ایران نیز جلوه های گردشگری بسیار دارد.

پرسش:

- اهمیت کشاورزی و دامپروری استان خراسان جنوبی در چیست؟ چه محصولاتی تولید می شود؟

- اهمیت تاریخی استان خراسان جنوبی در چیست.

- چه معادنی در این استان وجود دارد؟

یک بنای قدیمی در خراسان جنوبی

بازنویسی:

واژگان

استان فارس

آب و هوا	Climate	جشنواره	Festival
محیط زندگی (زیست)	Environment	تشویق	Encouragement
کوهستانی	highland	گردآمدن	Gather
معتدل	Mild	هنرمندان	Artists
تقسیم شده	Has divided	به مناسبت	On the occasion of
شهرستان	City	برگزار شدن	To hold / to be held
حدود	About	شرکت کردن	To participate
کشاورزی	Agriculture	سهم عمده	Major share
پالایشگاه	Refineries	تولید نا خالص داخلی	Gross Domestic Product
صنایع پتروشیمی	Petrochemical industry	صادرات	Export
نیروگاه	Powerhouse	مرکبات	Citrus
جاذبه ها	Attractions	محل / مکان	location
گردشگری	Torism	لهجه	Accent
مشخص نیست (معلوم)	Not specified	خاتم کاری	Inlay work
قبیله	Clan / tribe	سوغات	Souvenir
طایفه	The clan / Folk	شاعران	Poets
موسس(پایه گذار)	Founder	غزل سرایان	Lyricists
سلسه	Dynasty	داروسازی	Pharmacology
متحد	United	لاستیک سازی	Tires factory
فرمانروایی	Empire / Rule	صنایع الکترونیک	Electronic industry
خلافت	Caliphate	ذوب آهن	Melting iron
تصرف	Occupation	سنگهای تزئینی	Decorative stones
معاصر	Contemporary	خودرو سازی	Automobile manufacturing

استان فارس

استان فارس در بخشی ازجنوب کشور ایران است و آب و هوای آن بر اساس (محیط زیست) به سه گونه کوهستانی ، معتدل و گرم تقسیم می شود. چهارمین استان بزرگ ایران است و جمعیتی حدود ۵ ملیون نفر در سال ۱۳۹۵ ش ۲۰۱۶ م) داشته است.

مرکز استان شهر**شیراز** می باشد که حدود ۲ ملیون جمعیت دارد و دیگر شهر های مهم این استان **مرودشت ، جهرم ، کازرون ، فسا** می باشد.

زبان رسمی مردم فارس " **زبان فارسی** " است. همچنین زبان ترکی در میان عشایر قشقایی و زبان عَربی در میان عشایر عرب گفتگو می شود.

حافظیه

مردم شیراز زبان فارسی را با لهجه ی شیرازی به زبان می آورند و در میان بزرگسالان این لهجه بیشتر است.

بزرگترین شاعران و غزل سرایان ایران که شهرت جهانی دارند " سَعدی و حافظ " در این استان زندگی می کرده اند .

استان فارس با وجود جاذبه های متعدد فرهنگی ، تاریخی ، طبیعی یکی از مراکز مهم گردشگری ایران است و هم چنین شماری از مراکز مهم علمی ایران مانند **دانشگاه پهلوی شیراز** در این استان است.

آرامگاه سَعدی

فارس بخش گسترده ای از کشور ایران را در بر گرفته و از حدود یازده سده پیش از میلاد مسیح مکان زندگی یکی از طایفه های آریایی به نام **پارس** بوده است و به همین دلیل این بخش از خاک ایران به نام استان پارس نامیده شده است.

نام **خلیج فارس** هم گرفته شده از همین منطقه است. پارس ها مردمانی آریایی نژاد بوده اند که به درستی مشخص نیست چه زمان به فلات ایران آمده اند.

بر اساس اسناد تاریخ نویسان یونانی مهم ترین طایفه ی شهری قبایل پارس(پارساگادیان) بودند که قبیله ی "هخامنشی و پارسیان" از این قبیله هستند.

موسس پادشاهی پارس[21] ، **هخامنش** است و از خود او که سلسه بزرگی به نام اوست خبر چندانی در دست نیست اما احتمال دارد که او طایفه های گوناگون پارس را متحد کرده باشد ، کوروش بزرگ نخستین پادشاه هخامنشی پسر کمبوجیه و نواده ی هخامنش است.

حکومت پادشاهی هخامنشیان ۲۲۰ سال بر بخش بزرگی از جهان شناخته شده ی آن روز فرمانروایی داشت و سر انجام به دست اسکندر مقدونی از بین رفت و کاخ پاد شاهی تخت جمشید[22] (**پرس پولیس**) به وسیله او به آتش کشیده شد و کتابخانه های آن همه از بین رفت.

پس از پیروز شدن اعراب بر ایران دوباره **شیراز** مرکز فارس گردید و مردم فارس به تدریج مسلمان شدند(پیش از آمدن اعراب ایرانیان دین زرتشت داشتند).

سلسله های پادشاهی گوناگونی درفارس حکومت کردند از این دوران ها هنوز بناهایی پا برجاست مانند"مسجد جامع ، بند امیر ، مسجد نو و ......

با روی کار آمدن کریم خان زند از پادشاهان (زندیه) صلح و آبادانی سرانجام به ناحیه فارس بازگشت و او نیز شیراز را پایتخت خود کرد و بناهایی چون ارک کریم خان- بازار وکیل- حمام وکیل و مسجد وکیل در آن دوره ساخته شده است

فارس در دوران پهلوی(معاصر)

شهر شیراز در بین سال های ۱۳۵۷ – ۱۳۴۷ ش (۱۹۷۸-۱۹۶۸ م) مکان برگزاری جشن هنر شیراز بود این جشنواره در آن دوران بزرگترین رویداد فرهنگی در ایران و جهان بود و با هدف تشویق هنرهای سنتی ایران و هنرمندان ایرانی به وجود آمده بود این جشنواره ده روز ادامه داشت و رویدادی بود برای گرد آمدن بزرگترین هنرمندان سنتی و مدرن ایران و سراسر دنیا در

---

[21] پارس ها در جام های زرین شراب می نوشیدند میز و تاقچه های اتاق را با گلدان ها می آراستند از نواختن چنگ و نی و طبل و دف لذت می بردند. گوهر های گران بها نزدایشان فراوان بود. گوش و بازوهای خود را با زیور آلات می آراستند و شاه بر تخت زرین می نشست.(برگرفته از تاریخ پرسیا)

Perspolis-2

رشته های گوناگون هنری و موزیک های سنتی در (حافظیه) و ارکستر های معروف کلاسیک در تخت جمشید اجرای برنامه می کرده اند.

جشن های ۲۵۰۰ ساله ی شاهنشاهی ایران به مناسبت دوهزار پانصد سال تاریخ شاهنشاهی نوشته شده ایران در زمان پادشاهی "محمد رضا پهلوی" در ۱۳۵۰ شمسی برابر ۱۹۷۱ میلادی در **تخت جمشید (پرس پولیس)** برگزار شد در این جشن پادشاهان و سران ۶۹ کشور جهان به ایران آمدند و در این جشن با شکوه و تاریخی شرکت کردند.

لباس های سنتی عشایر ایران

استان فارس دارای دریاچه های گوناگونی است که تعداد آن ها حدود ۴۴ دریاچه می شود ومی توان آن ها را به دو گروه دریاچه های **آب شور و آب شیرین** تقسیم نمود.

هفتاد درصد استان فارس در ناحیه ی کوهستانی قرار دارد. و رودخانه های بسیار از این کوه ها جاری است که مهمترین آنها: شاپور- کازرون- لار- شور جهرم و شور لار و.... می باشد.

استان فارس یکی از استان هایی است که بالاترین جمعیت عشایری کشور را دارد. عشایران هنوز ویژه گی های سنتی خود را نگه داشته اند.

اقتصاد استان بر پایه **کشاورزی و دامداری** است باغ های استان فارس دارای ارزش تاریخی و باستانی و هنری فراوان است مانند باغ نظر آباد – باغ عفیف آباد- باغ ارم- باغ جهان نما و .....

کشاورزی استان فارس سهم عمده ای از تولید ناخالص ملی ایران را دارد و صادرات انجیر و انار فارس در جهان رتبه ی اول است.

هم چنین شهرک های صنعتی ,پالایشگاه ها و صنایع **پتروشیمی و نیروگاه های** مختلف بخشی از اقتصاد استان می باشند. صنایع داروسازی- خودرو سازی- نوشیدنیهای غیر الکلی- لاستیک سازی و صنایع الکترونیک از مهمترین صنایع استان است.

پالایشگاه های مهم این استان : پالایشگاه نفت شیراز- پالایشگاه گاز پارسیان- شرکت پتروشیمی شیراز از مهمترین صنایع نفت و گاز ایران است.

دو کارخانه ی ذوب آهن پاسارگاد و فولاد " در دست ساخت می باشد و استان فارس رتبه دوم تولید سنگ های تزئینی را داراست.

این استان دارای ۶ فرودگاه می باشد که فرودگاه های شیراز- لار بین المللی هستند مسیر های خارجی فرودگاه شیراز کشورهای انگلیس- مالزی- ترکیه- عراق- سوریه- قطر- و عربستان- روسیه- پاکستان- و سودان است.

اگر روزی به این استان سفر کردید خرید کارهای خاتم کاری شیراز را برای سوغات فراموش نکنید..

پرسش:

- اهمیت استان فارس در چیست؟
- شیراز مرکز این استان چه زیبایی های گردشگری تاریخی دارد؟
- کدام شاعران بزرگ ایرانی در شیراز آرامگاه دارند؟
- آیا دوست دارید از شیراز دیدن کنید؟
- کدام قوم و جمعیت سنتی در این استان زندگی می کنند؟
- صنایع این استان چه هستند؟

بازنویسی:

واژگان
استان اصفهان

میانه ی ایران	Middle Iran	مُلایم	Mild, temperate
فاصله	Distance	قِدمَت	Antiquity
صنایع دستی	Handicrafts	هَخامنشی	Achaemenid
تزئینات آجری	Brick decoration	ساسانیان	Sassanian
گچ بری - گچ کاری کردن	Plastering	کارخانه	Factory
مناره ها	Minarets	ذوب آهن	Melting Iron
مسجد	The mosque	مَجموعه	Collection
نقره کاری	Silvering	شاهکار	Masterpiece
قالی بافی	Carpet weaving	مِعماری	Architecture
گُنبد	Dome	صَفَوی	Safavid
فیروزه ای	Turquoise	جَهانگردی	Tourism
کاشی	Tile, ceramic	مِهماندوست	Hospitable
رَنگارنگ	Colorful	مِهرَبان	Kind
قَلَمکاری	Calico printing	صَمیمی	Sincere, cordial
خاتم کاری	Inlay	پُرکار	Studious, industrious
مینا کاری	Enamel	نساجی	Textile
سایه دار	Shady	همگان	Everyone
قالیچه	Rug	یاد می کنند	They remember
گَز	Gaz / Nougat	خاطره	Memory
نِصف جهان	Half of the word		

استان اصفهان

استانی در میانه ی ایران است و مرکز آن شهر اصفهان می باشد. اصفهان در فاصله ۲۴۰ کیلومتری تهران است. ده درصد از بیابان های ایران در استان اصفهان است.

این استان یکی از بزرگترین مراکز تولید انواع گوناگون صنایع دستی می باشد. تزئینات آجری – کاشی کاری – گچ بری و خط در آثار تاریخی اصفهان بر اطراف مناره ها و داخل و خارج مسجد ها و کاخ های دوران صفویه بی مانند است. بیشتر طرح های تزئینی تحت تاثیر دوران صفویه قرار دارد.

اصلی ترین و بزرگترین گروه قومی اصفهان **فارسی زبانان** می باشند که با لهجه های گوناگون محلی سخن می گویند.

کارخانه بزرگ ذوب آهن ایران در این استان در نزدیکی شهر اصفهان قرار دارد.

ارامنه ایران در زمان صفویه به اصفهان رفتند و از آن تاریخ تا به امروز نقش پر رنگی را در شهر اصفهان داشته اند برجسته ترین این نقش ها (**کلیسای وانگ**) می باشد. ارامنه اصفهان در منطقه ای به نام "**جلفا** " زندگی می کنند. در تاریخ گذشته این شهر را "**سپاهان**" نیز می گفتند.

شهر اصفهان به شهر گنبدهای فیروزه ای معروف است. اصفهان شهر کاشی های رنگارنگ است اصفهان شهر قلمکاری ها – خاتم کاری ها – مینا کاری ها و مینیاتور هاست. اصفهان شهر بازارهای تو در توی بلند و سایه دار است. شهر قالیچه های بی مانند است، شهر گز (نوعی شیرینی) و شهر میوه های آبدار است، اصفهان شهر بزرگی است شهر زیبایی، شهر همه چیز، و در پایان این بیان باید گفت **اصفهان نصف جهان** است.

این شهرآب و هوای معتدل دارد پاییز و بهار اصفهان ملایم و زمستانش کمی سرد است و تابستانی کمی گرم دارد. و در حدود دو ملیون نفر جمعیت دارد. تاریخ اصفهان به قدمت خود ایران است در

زمان پادشاهان هخامنشی از مراکز مهم کشور ایران بود و در زمان ساسانیان سپاهان نـام داشـت و در هنگام پادشاهی صفویان (سده شانزدهم میلادی) پایتخت ایران بوده است. یکی از زیباترین پل های ایران در این شهر است که
"سی و سه پل" نام دارد. این پل بر روی رودخانه ی زاینده رود ساخته شده است.
امروزه اصفهان از یک طرف با کارخانه ها و صنایع گوناگون مثل <u>ذوب آهن</u> و دیگر کارخانـه هـا بـه عنوان یک مرکز صنعتی و از طرف دیگر با مجموعه شاهکارهای <u>معمـاری</u> و <u>صـنایع دسـتی</u>، <u>مرکـز جهانگردی</u> و دومین شهر مهم ایران است.
اصفهانی ها مردمانی بسیار مهماندوست و مهربان صمیمی و شیرین زبان و پرکار هستند. همگـان از اصفهان و مردمانش به خوبی یاد می کنند.
گردشگران پیوسته خاطره های زیبایی از شهر اصفهان دارند.

❊❊❊❊❊

پرسش:

- چرا به اصفهان (نصف جهان) می گویند؟
- مهمترین کارخانه صنعتی این استان چه نام دارد؟
- چه اقوامی در این استان زندگی می کنند؟
- چه رودخانه ای در این شهر جریان دارد و پل بر روی آن چه نام دارد؟
- کدام اقلیت مذهبی در این شهر زندگی می کنند؟

بازنویسی:

واژگان
استان آذربایجان شرقی

Rug	فرش	Pahlavi dynasty	سلسله ی پهلوی
High quality	مرغوب	Crowded	پر جمعیت
Unique	بی مانند	Common border	مرز مشترک
Soviet army	ارتش شوروی	Climate	آب و هوا
To revolt- stand up	قیام کردن	First rank	رتبه
United nations	سازمان ملل	Export	صادرات
Defines- specifies	مشخص می کند	Non-oil	غیر نفتی

ایل گلی مکانی تفریحی در آذربایجان شرقی

آذربایجان شرقی

استان آذربایجان شرقی در بخش شرقی و شمالی ایران قرار دارد و در زمان حکومت پهلوی آذربایجان خاوری گفته می شد. این استان بزرگترین و پر جمعیت ترین استان شمال غربی ایران است. از شمال با کشور جمهوری آذربایجان و ارمنستان مرز مشترک دارد.

آب و هوای این استان سرد و کوهستانی و بیشتر از کوه های بلند پوشیده شده است.

دراین استان دو رشته کوه مهم و اصلی ایران (**البرز و زاگرس**) به هم می پیوندند بلندترین قله در کوه زاگرُس" **سَهند**" می باشد.

مرکز استان آذربایجان شرقی شهر بزرگ **تبریز** است و از دیگر شهر های مهم آن می توان به مراغه، مرند، اهر و میانه اشاره کرد.

آذربایجان شرقی رتبه اول صادرات غیرنفتی را دارد، فرش دست باف تبریز زیبا ، مرغوب و بی مانند است و شهرت جهانی دارد.

این استان در گذشته بخشی از سرزمین **ماد** بود و در زمان حکمرانی اسکندر مقدونی یکی از سرداران سپاه بر علیه اسکندر قیام کرد و با بستن عهدنامه ای دست یونانیان را از آذر بایجان کوتاه کرد نام این سردار شجاع " آتروپات" است .

با حمله مغولان ، آذربایجان مرکز حکومت مغولان از خراسان تا شام شده بود و دو گروه از ترکان بر این بخش برتری پیدا کردند. در زمان صفویه شاه اسماعیل اول شهر تبریز را پایتخت اعلام کرد و در دوران پادشاهی قاجار ولیعهد نشین شد به این ترتیب چهار تن از شاهان قاجار (ناصرالدین شاه، مظفرالدین شاه، محمد علی شاه و احمد شاه) دوران ولیعهدی خود را در تبریز گذراندند.

رضا شاه پهلوی در سال ۱۳۰۰ شمسی (۱۹۲۱ میلادی) حکومت مرکزی ایران را بر این منطقه برقرار کرد و با شروع جنگ جهانی دوم ۱۳۲۰ ش (۱۹۴۱ م) نیرو های ارتش شوروی وارد آذربایجان شدند این نیرو ها در اردیبهشت ۱۳۲۵ و به دنبال طرح مسئله شکایت از جانب ایران در سازمان ملل متحد این سرزمین اشغال شده را تخلیه و ترک کردند.

دانشگاه تبریز یکی از قدیمی ترین دانشگاه های ایران است.

استان آذربایجان شرقی دارای آب و هوای گوناگون است مردمان این بخش از ایران گرمترین و سردترین درجه دما را در سال تجربه می کنند. رودخانه "ارس" حدود شمال مرز ایران را با جمهوری آذربایجان و ارمنستان و ایالت خود مختار نخجوان مشخص می کند.

پرسش :

- این استان در شمال با چه کشور هایی هم مرز است؟
- دو رشته کوه شناخته شده در این استان کدامند؟
- این استان در تولید چه محصولاتی رتبه اول را دارد؟
- چه صنعتی در این استان رتبه جهانی دارد؟
- چه پادشاهانی دوران ولیعهدی خود را در این استان گذراندند؟
- در جنگ جهانی دوم چه نیروهایی وارد این استان شدند و چگونه خارج شدند؟
- رودخانه ی "**ارس**" چه نقشی در این استان دارد؟

رود ارس
(مرز ایران و کشور آذربایجان)

بازنویسی:

واژگان
استان آذربایجان غربی

Source of the spring	منبع چشمه	Located	قرار دارد- واقع شده
Mineral water	آب های معدنی	Common border	مرز مشترک
Refreshing	گوارا	Republic of Azerbaijan	جمهوری آذربایجان
Water supply	آب رسان	Iraq	عراق
Jungle	جنگل	Highland	کوهستانی
Aquatic	آبزیان	Under the influence	تحت تاثیر
The bird migration	کوچ پرندگان	Air flow	جریان هوا
Immigrants	مهاجر	Humid air / wet	مرطوب
Russia	روسیه	The Atlantic ocean	اقیانوس اطلس
Area	مناطق	Mediterranean sea	دریای مدیترانه
World protected	حفاظت شده	Cold air mass	توده ی هوای سرد
Resident	ساکن	Temperature reduction	کاهش دما
		Across the border	سراسر مرز

آذربایجان غربی

استان آذربایجان غربی در شمال غربی کشور ایران قرار دارد و مرکز آن "**ارومیه**" است.

این استان تنها استان ایران است که با ترکیه هم مرز است.

این استان از شمال به جمهوری آذربایجان و از غرب با ترکیه و عراق مرز مشترک دارد.

آذربایجان غربی یکی از مناطق کوهستانی ایران است .

آب و هوای این استان بیشتر تحت تاثیر جریان هوای مرطوب " اقیانوس اطلس" و دریای مدیترانه است ولی گاهی در زمستان توده ی هوای سردی از طرف شمال سبب کاهش بسیار زیاد دما در این استان می شود.

سراسر مرز استان آذربایجان غربی از کوه های بسیار بلند و دیوار مانندی از شمال به جنوب پوشیده شده که منبع چشمه های آب فراوان هستند و ارتفاعات بسیار بلندی دارد.

دریاچه ی ارومیه – رودخانه ی ارس و رودخانه ی زاب کوچک از منابع آبی استان می باشند.

آذربایجان غربی آب های معدنی بسیار گوارا دارد که شناخته شده ترین و گواراترین آن را در روستای "**دریک**" در شهر **سلماس** است و به آب معدنی" دریک "معروف است.

زرینه رود و سیمینه رود از رودخانه های آب رسان این استان می باشد.

جنگل های استان در بخشی از مهاباد و پیرانشهر می باشد ولی گسترده ترین آن در بخش جنگلی سردشت قرار گرفته است **دریاچه ارومیه** دارای آب شور و هوای معتدل است و آبزیان در آن زندگی نمی کنند و این دریاچه از جهت ویژه گی زیست محیطی محل زندگی و کوچ پرندگان مهاجر از شمال روسیه می باشد و از مناطق حفاظت شده ی جهانی است.

ترک های آذربایجانی و کردها از گروه مردمان ساکن در این استان می باشند مردم این استان بسیار مهربان و بسیار سنتی می باشند و دارای فرهنگ ویژه ای هستند. اکثر مردم این استان ترک زبان هستند.

پرسش:.

- مرکز استان آذربایجان غربی جه نام دارد؟
- استان آذربایجان غربی با چه کشورهایی هم مرز است؟
- آب و هوای استان آذربایجان غربی تحت تاثیر چه جریان آب و هوایی است؟
- درباره دریاچه ارومیه چه می دانید؟

قره کلیسا اولین کلیسای مسیحیان جهان

در آذربایجان غربی

محل آرامگاه طاوئوس قدیس از حواریون حضرت عیسی مسیح

بازنویسی:

واژگان

استان خوزستان

Residents	ساکنین	Persian gulf coast	کناره خلیج فارس
Tribes	عشایر	Common border	مرز مشترک
Rate	نرخ – درصد	Procuct	تولید
Unhealthy	ناسالم	Crude oil	نفت خام
Pollen of the soil	ریزگرد / (خاک)	Petroglyph	سنگ نبشته
Polluted air	هوای آلوده	Ancient	باستان
Biological condition	شرایط زیستی	Highland	کوهستانی
Unsuitable	نامناسب	Slope slightly	شیب کَمی
Unemployment	بیکاری	Watered	سیرآب
Expensiveness	گرانی	Flat	جلگه
Oil well	چاه نفت	Salty dome	گنبد نمکی
To dig out	حفر کردن	Civilization	تمدن
Industrial scale	مقیاس صنعتی	Tension / conflict	درگیری- کشمکش
Extracted	استخراج شده	To claim	ادعا کردن
Establishment	تاسیس	Landlord	مالک
Product	فرآورده	Emigrant	مهاجر
Refinery	پالایشگاه	Government	حکومت- فرمانداری
National drilling Co.	شرکت ملی حفاری	Replace	جایگزین
Shipping capabilities	قابلیت کشتیرانی	Epidemic	شیوع
Industry	صنعت	Cholera	وبا
Auxiliary industries	صنایع جانبی و قدیمی	To go over	منتقل شد
Warm	خونگرم	Movement	جابجایی
Resistant	مقاوم- پایدار	Completely	بطور کامل
Patience	بردبار - شکیبایی	Empty	خالی

استان خوزستان

استان خوزستان در جنوب غربی ایران است و در کناره ی خلیج فارس [20] قرار دارد و مرز مشترک با کشور عراق دارد. این استان مرکز تولید نفت خام و گاز ایران است و پنجمین استان پر جمعیت ایران پیش از جنگ هشت ساله عراق با ایران بود.

خوزستان یعنی سرزمین مردمان (خوزی یا هوزی) که در سنگ نبشته های دوران باستان داریوش یکم و خشایار شاه ثبت شده است و در زبان فارسی امروز همان "خوز" است.

خوزستان دارای دو بخش کوهستانی و جلگه ای است که دو پنجم کوهستانی و سه پنجم جلگه ای می باشد ، جلگه خوزستان شیب کمی دارد و در برخی از بخش ها گنبد های نمکی موجود است که دلیل شور بودن آب ها و زمین های کشاورزی است

خوزستان پر آب ترین استان ایران است پنج رود بزرگ که از کوه های زاگرس سرچشمه می گیرند زمین های این استان را سیراب می کنند و مستقیم یا غیر مستقیم به خلیج فارس می ریزند. **کارون** بزرگترین این رود ها و بزرگترین رودخانه ی ایران است که قابلیت کشتیرانی در آن وجود دارد

رودهای مهم دیگر استان خوزستان رود دز ، ارودند رود ، کرخه ، مارون و هندیجان می باشد
خوزستان در دوران باستان به دو ناحیه تقسیم می شد : ناحیه ی شمالی و شمال شرقی و ناحیه جنوبی ، ناحیه شمالی کوهستان ها و جنگل های فراوان داشت و ناحیه جنوبی آب و هوای گرم و مرطوب و دشت های حاصلخیز و جلگه ای سرسبز و پر آب . بخش جنوبی عیلام یاد آور تمدن دیرینه ی خوزستان است. بخش جنوبی بین استان لرستان و خوزستان و سواحل خلیج فارس امروزی است.

پایتخت هخامنشیان شهرستان **شوش** یا " شوشتر" بود و درباره این شهر گفته اند که همچون بهشت است . ابریشم زیبا ی آن را به مصر و شام می بردند و میوه در این شهر فراوان است.

---

[20] Persian Gulf

وجود مراکز علمی و فرهنگی مانند: دانشگاه **جندی شاهپور** در این استان است که در گذشته استادان بزرگ دانش پزشکی از یونان ، مصر ، هند و روم در این دانشگاه گرد هم می آمدند این دانشگاه در دوران ساسانیان ساخته شده است.

پس از ساسانیان درگیری های بسیار در این منطقه بین اعراب و ایرانیان جریان داشت و اعراب ادعا می کردند که مالک این استان بوده اند. به ویژه قوم " بنی کعب " به این استان مهاجرت کرده بودند در زمان حکومت صفویه به آن عربستان می گفتند با آغاز سلسله پهلوی رضا شاه نام خوزستان را جایگزین عربستان کرد و به ماندن **"کعبی ها "** در این استان پایان داد.

در دوران اشکانی و ساسانی و تمام دوران اسلامی **" شوشتر "** مرکز حکومتی خوزستان بود.

ایران برای فراموش شدن نام عربستان و جایگزین کردن آن به نام خوزستان از این بخش ایران کوشش بسیار کرد و در سال ۱۳۰۳ شمسی به دلیل شیوع بیماری وبا در **شوشتر** ، مرکز حکومتی خوزستان به شهر **اهواز** که در آن زمان به نام ناصرالدین شاه (ناصریه) گفته می شد منتقل شد و تاکنون نیز **اهواز** مرکز این استان است.

جمعیت این استان در سال ۱۳۷۸ حدود ۵ ملیون نفر بوده که شمار عرب های آن در نواحی روستایی ۵۰۰ هزار نفر برآورد شده است.

باید به جابجایی جمعیت در نتیجه جنگ ایران و عراق و انقلاب اسلامی در سال ۱۳۵۷ نیز اشاره کرد

شهر صنعتی و تجاری خرمشهر پس از جنگ بطور کامل خالی از سکنه شد و پس از پایان جنگ محل اقامت جمعیت زیادی از عشایر عرب شد استان خوزستان بالاترین نرخ مهاجرت را پس از جنگ در میان استان های ایران دارد در چند سال اخیر حدود ۵۰۰ هزار نفر به دلیل مشکلاتی مانند آب نا سالم و یا ریزگردها و هوای آلوده ، گرمای زیاد هوا و شرایط زیستی نامناسب مانند بیکاری فقر و گرانی محل سکونت خود را ترک کرده و به شهر های شمال ایران و یا خارج از کشور مهاجرت کرده اند.

زبان عربی خوزستانی لهجه جنوب عـراق را دارد گـویش هـای ایرانـی اسـتان بـر سـه گونـه ی : دزفولی، اهوازی ، شوشتری می باشد که در این شهر هـا بـا آن گفتگـو مـی شـود. زبـان لـری بختیاری هم بیشتر به وسیله ی مردم شهرستان اندیمشک و شوش صحبت می شود امروزه بیشـتر ساکنین شوش عرب زبان هستند و به زبان عربی گفتگو می کنند.

درباره نفت استان

در سال ۱۲۷۸ خورشیدی (۱۸۹۹ میلادی) نخستین چاه نفت ایران و خاور میانه به وسـیله گـروه مهندسان بریتانیایی به سرپرستی" **ولیام ناکس دارسی** "در شهر مسـجد سـلیمان در خوزسـتان حفر و نفت از آن خارج شد. این چاه که به چاه (شماره یک) مشهور است نخسـتین چـاه نفـت در جهان است که از آن در مقیاس صنعتی نفت استخراج شده و اولین گام در تاسـیس صـنعت نفـت ایران و شرکت نفت انگلو[19] پرشین بوده است. این چاه اکنون به صورت موزه تحت مدیریت شرکت ملی نفت مناطق نفت خیز جنوب ایران اداره می شود. استان خوزستان ثروتمند ترین استان ایـران در زمینه ی منابع نفت و گاز است که درآمد اصلی کشور ایران از راه صدور این (فرآورده نفتی) بـه دست می آید.

اهواز مرکز صنایع بخش نفت و گاز در خوزستان و تمام زمین های نفـت خیـز در جنـوب غـرب و شرق ایران است **پالایشگاه آبادان و پتروشیمی بندر شاهپور** (امام) و ماهشهر نمونه ی صـنایع وابسته به نفت در این استان است. در استان خوزستان کارخانجات ذوب آهن و فولاد سازی و لولـه سازی سهم ویژه ای در اقتصاد این استان دارند.

شرکت ملی نفت خیز جنوب (بزرگترین تولید کننده نفت ایـران) ، شـرکت ملـی حفـاری ایـران ، شرکت فولاد خوزستان و شرکت نفت و گاز اروندان از شرکت های بزرگ و پر کار استان می باشند گرمای بیش از حد و تمرکز صنایع بزرگ در خوزستان باعث شـده اسـت کـه ایـن اسـتان پـس از تهران بزرگترین مصرف کننده ی انرژی ایران باشـد. قابلیـت کشـتیرانی تجـاری در بنـادر تجـاری بزرگ مانند بندر شاهپور(امام) و بندر خرمشهر و آبادان که از بنادر مهم ایران است این بنادر

[19] Englo persian

دارای اسکله های پذیرش کشتیهای اقیانوس پیما ی کانتینری و کالا است که از امکانات مهم ایـن استان است. و همچنین صنایع جانبی و قدیمی" نیشکر خوزستان و مجتمـع کاغـذ سـازی هفـت تپه" را می توان نام برد.

مردمان این استان بسیار خونگرم و مقاوم و صبور هستند.

پرسش:

- استان خوزستان با چه کشوری مرز مشترک دارد؟
- چه رودی در این استان بزرگترین رودخانه ی ایران است؟
- اهمیت دانشگاه جندی شاهپور از چه نظر است؟
- آغاز جنگ ایران و عراق چه پیامد هایی در این استان داشت؟
- در کدام شهر این استان اولین چاه نفت جهان حفاری شد؟
- چه کسی و از چه کشوری اولین چاه نفت را در این استان حفر کرد و نفت استخراج شد؟
- درآمد اصلی کشور ایران از چه راهی است؟
- کدام بندرها در این استان قبل از جنگ ایران و عراق تجاری بودند؟
- کدام کارخانه ها هم اکنون در خوزستان فعال هستند؟

پالایشگاه آبادان در استان خوزستان

بازنویسی:

واژگان

استان هرمزگان

Strait of Hormuz	تنگه هرمز
Neighbors	همسایه
Divisions	تقسیمات
Passing the law	تصویب کردن قانون
Governorate	فرمانداری
Ports	بنادر
Ilands	جزایر
Delegation of ministers	هیئت وزیران
Position	موقعیت
Special	ویژه
Vital value	اَرزش حیاتی
Export	صادرات
Import	واردات
Cargo / goods	کالا
Exporter	صادر کننده
Economy	اقتصاد
Commercial	تجاری
Jetty	اسکله
The bottom	قسمت انتهایی
Common	مشترک
High way / highway	شاهراه
Facilities	تاسیسات
Port	بندر
General cargo	کالای متفرقه
Fisheries	شیلات
Military	نظامی
Infrastructure	زیربنایی
Refinery	پالایشگاه
Whole / major	عمده
Access	دسترسی
Destination	مقصد
United Arab Emirates	امارات متحده عربی
Race	نژاد
Intertwining	در هم آمیختگی
Old culture	فرهنگی کهن
Identity	هویت
Zari weaving	زری بافی

استان هرمزگان
و بنادر مهم در جنوب ایران

هرمزگان نام یکی از استان های جنوبی ایران است که در شمال **تنگه هرمز** قرار گرفته است. هرمزگان از شمال و شمال شرقی با استان کرمان و از غرب و شمال غربی با استان های فارس و بوشهر از شرق با سیستان و بلوچستان همسایه است و جنوب آن را آب های گرم خلیج فارس و دریای عمان در بر گرفته است. این استان دارای آب و هوای گرم و مرطوب به ویژه در فصل تابستان است.

در سال ۱۳۵۵ ش "۱۹۷۲ م" هیئت وزیران تصویب کرد که نام استان ساحلی بنادر و جزایر خلیج فارس و دریای عمان به استان "**هرمزگان**" تغیر یابد ، انتخاب این نام بر این استان به دلیل موقعیت ویژه ی (تنگه هرمز) می باشد که برای ایران ارزش حیاتی بسیار دارد.

استان هرمزگان به دلیل آبراه (هرمز) و صادرات و واردات کالا بسیار مورد توجه کشور های صادر کننده ی کالا در دنیاست.

استان هرمزگان <u>۱۴ جزیره</u> دارد که مهمترین آن ها : **جزیره قشم ، کیش ، هرمز ، و جزایر تنب کوچک و تنب بزرگ** می باشد.

مرکز این استان شهر **بندر عباس** یکی از شهر های بزرگ ایران و بزرگترین مرکز فعالیت های اقتصادی در امور صادرات و واردات ایران است این شهر در قسمت انتهایی خلیج فارس و در بخش مشترک شاهراه (**تنگه هرمز**) خلیج فارس و دریای عمان قرار دارد. تاسیسات مهم دریایی و زیربنایی کشور مانند: **بندر بازرگانی رجایی** یکی از دروازه های مهم کشور محسوب میگردد که با داشتن بیش از ۴۰ اسکله تخصصی و پذیرش کشتی های اقیانوس پیما با ظرفیت بالا و همچنین ترمینال های **کانتینری - کالاهای متفرقه - یخچالی - نفتی و** انبار های ویژه عملیات تخلیه و بارگیری کشتیها را انجام می دهند. بندر عباس را می توان **پایتخت اقتصادی ایران** نامید زیرا واردات و صادرات عمده غیر نفتی ایران به آن وابسته است.

این استان یکی از مراکز نظامی دریایی کشور هم می باشد و اسکله ها ی تخصصی و پایگاه نظامی دریایی همراه با ناو های جنگی در این استان حفاظت از آب ها و مرزهای دریایی را عهده دار هستند

<u>پالایشگاه نفت</u> و کارخانجات <u>آلومینیم</u> و <u>کشتی سازی خلیج فارس</u> و همچنین <u>صنایع فولاد و سیمان</u> و <u>شیلات</u> از تاسیسات و فعالیت های عمده این استان است.

دسترسی به این استان از راه های (زمینی - هوایی - دریایی) امکان پذیر است.

فرودگاه بین المللی بندر عباس ، کیش به مقصد کشورهای خارجی مانند امارات متحده عربی و قطر در جنوب خلیج فارس پرواز دارد.

زبان و نژاد

استان هرمزگان دارای فرهنگی کهن بوده است . در این کرانه ها و جزیره ها فارس ها- بلوچ ها- عرب ها و سیاهان در کنار هم زندگی می کنند و در این با یکدیگر زیستن هویت های جدید شهری مانند: <u>بندری</u> و <u>مینابی</u> را به وجود آورده.

در بازار سنتی بندر عباس می توانید کارهای دستی ویژه ی این بندر مانند پوشش محلی زنان و مردان (زری بافی) و انواع خرما را از مردمان بسیار گرم و دوست داشتنی این استان خریداری کنید.

سفر به این استان را فراموش نکنید. هتل قدیمی و بزرگ " **گامرون** " و دیگر هتل های بزرگ این شهر زیبا در انتظار شماست.

پرسش:

- بندر عباس در چه بخشی از کشور ایران است؟
- اهمیت ویژه ی بندر عباس برای چیست؟
- جزیره ها و بندر های مهم استان بندر عباس کدام است ؟
- اهمیت ویژه ی <u>تنگه هرمز</u> برای چیست؟
- آیا بندر عباس شهری کهن و سنتی است؟ چه دلیلی دارید

بخش دوم
آشنایی با تهران بزرگ

نقشه خطوط راه آهن شهری تهران و حومه – مترو
Tehran Urban & Suburban Railway (Metro) Map
N
NW
NE
W
E
SW
SE
S

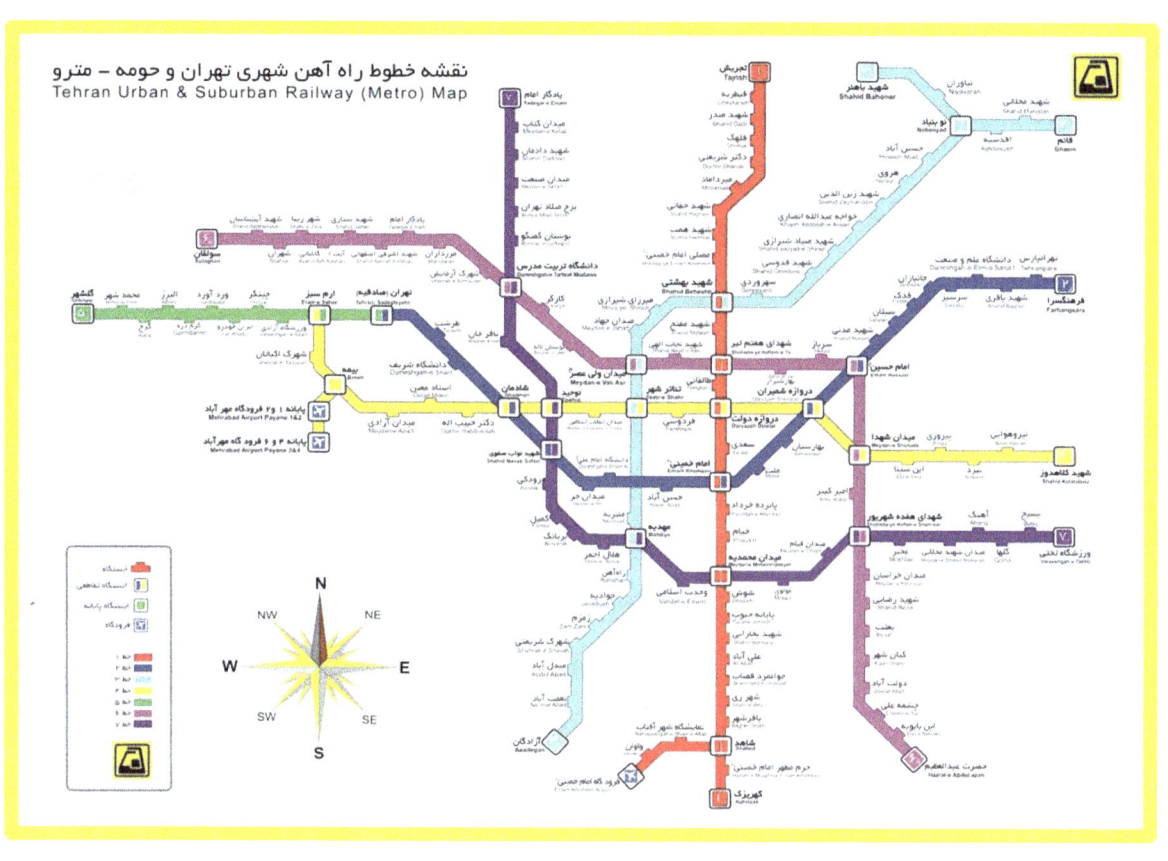

TEHRAN
تهران

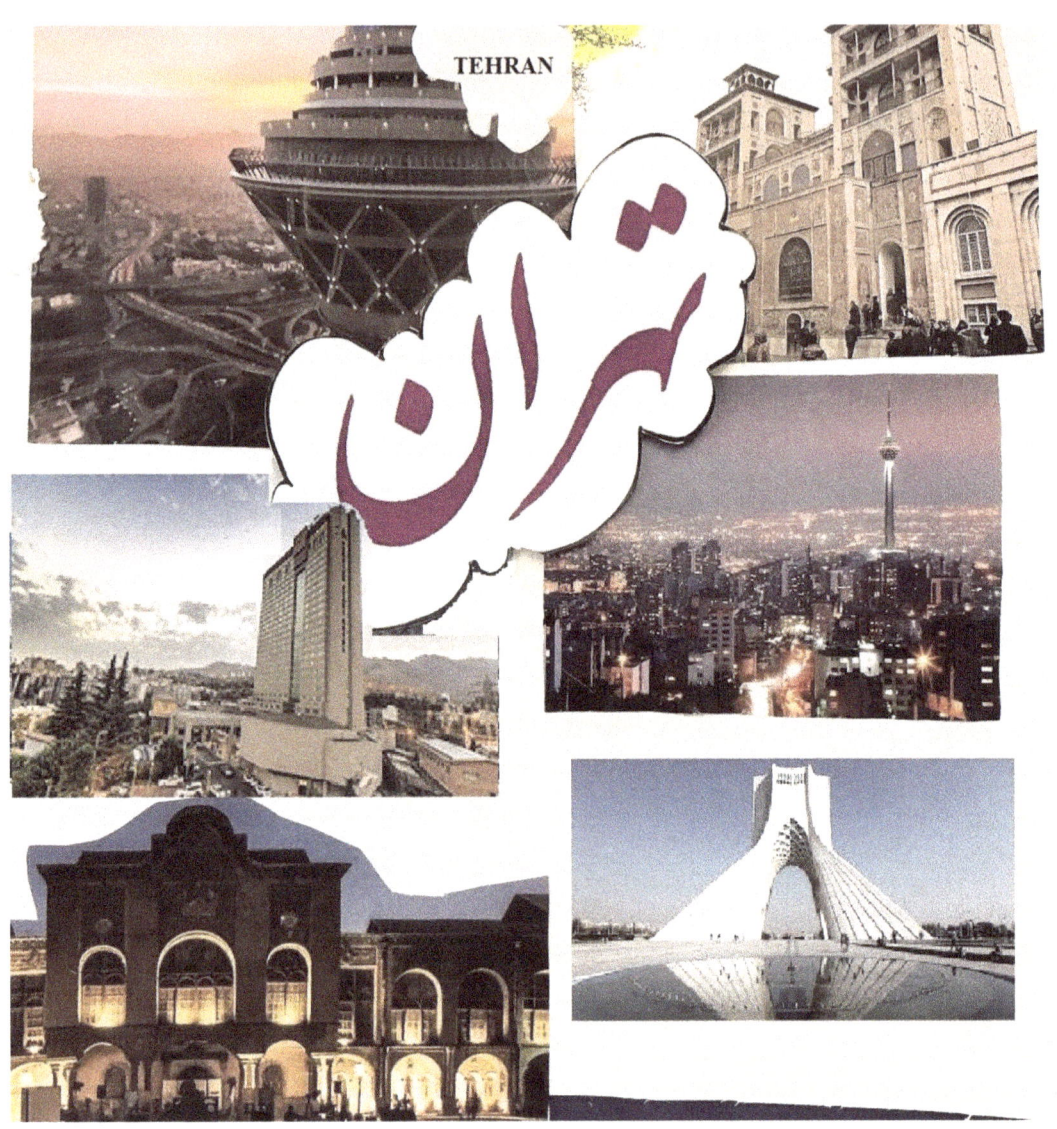

واژگان
تاریخچه تهران بزرگ

Textiles	منسوجات	Capital	پایتخت
Cement	سیمان	Top of mountain	قله
Chemicals	مواد شیمیایی	Side / direction	جهت
Wrong management	مدیریت اشتباه	Main	اصلی
Emigration	مهاجرت	Support	پشتیبانی
Citizen	شهروندان	Changing	دگرگونی
Tower	برج	Attraction	چشمگیر
Symbol	نماد	Fast growing	رشد سریع
Synagogue	کَنیسه	Rail station	ایستگاه راه آهن
Mosque	مسجد	Foreign club	وزارت امور خارجه
Zoroastrian fire temple	آتشکده زرتشتیان	Military collage	باشگاه افسران
Facility	امکانات	Military university	دانشگاه افسری
Excessive urban expansion	گسترش بی اندازه شهری	Police office	شهربانی
Environmental facilities	امکانات زیست محیطی	National Bank	بانک ملی
Professional	حرفه ای	Irregular view	چهره ی نا منظم
Important pillars	ارکان های مهم	Geometric	هندسی
Car factory	کارخانه ی ساخت خودرو	Most credible	معتبرترین
The most polluted	آلوده ترین	Developing	گسترش

تاریخچه ی تهران بزرگ

بیش از ۲۰۰ سال از انتخاب تهران برای پایتخت بودن می گذرد. در این مدت تهران مرکز سیاسی و اداری کشور بوده است و رفته رفته به شهری آباد که راه های دسترسی بسیار گوناگون دارد تبدیل شده است.

فضای جغرافیایی شهر تهران از شمال در دامنه ی کوه های البرز و از غرب به دشت کرج و در شرق به جاجرود محدود می شود.

کوه شمالی تهران (**سلسله جبال البرز**)است و بلندترین قُله آن بنام (**دماوند**) است و دیگر قله آن (**توچال**) می باشد که از تمام فضای شهر تهران دیده می شود.

از ویژه گی های آب وهوایی تهران می توان به دو جهت اصلی باد ها اشاره کرد (باد غرب و باد جنوب شرق) باد غربی مهمترین دلیل از بین بردن آلودگی هوای شهر است و باد جنوب شرقی به هنگام وزش سبب جابجایی گرد و غبار و آلودگی و افزایش گرما در سطح شهر می شود.

آب تهران به وسیله ی رودخانه های اصلی **کرج** و **جاجرود** و **لار** پشتیبانی می شود. قدیمی ترین سد بزرگ ایران به نام **سد امیر کبیر(سد کرج)** بر روی رودخانه ی کرج و بسیار نزدیک به تهران است.

دوره ی جدید شهر نشینی در تهران از سال "۱۳۰۰ ش" آغاز می شود که رشد سریع و دگرگونی های چشمگیری را شامل می شود. دروازه های ورودی شهر تهران برداشته شد و به جای آن بلوارخیابان و ساختمان های جدید مانند ایستگاه راه آهن ، ساختمان وزارت امورخارجه ،باشگاه افسران ،دانشکده افسری ، شهربانی کل کشور ، بانک ملی ساخته شده است و چهره ی نامنظم تهران شکلی منظم و هندسی پیدا کرده است و نام " طهران" به" تهران"تغییر یافت. گسترش تهران و شرایط ویژه ی سیاسی و اقتصادی و فرهنگی و جغرافیایی و وجود امکانات گوناگون تحصیلی و تفریحی سبب شده است که بسیاری از مردم شهر های گوناگون ایران برای (کار، درس خواندن، درمان پزشکی، کارهای اداری و خرید و فروش کالا و تفریح ..) به تهران بزرگ آمده و در آن ساکن شوند.

دانشگاه تهران یکی از مهمترین و معتبرترین دانشگاه ها در ایران ودر مرکز شهر تهران است.

تهران بیش از **۳۰موزه و ۶۳۱ پارک** (بوستان) دارد.

کارخانه های ساخت خودرو – برق – الکترونیک – منسوجات – سیمان و مواد شیمیایی اطراف تهران ساخته شده است.

برج میلاد

مدیریت اشتباه در تهران سبب مهاجرت شهروندان ایرانی از شهرها و روستا های اطراف به تهران شده است.

دو برج مهم تهران که جاذبه های دیگر این شهر است (**برج آزادی**) و (**برج میلاد**) از نماد های امروز پایتخت است در تهران و در نزدیکی تهران بنا های تاریخی و مذهبی مانند مسجد ها –کنیسه و آتشکده ی زرتشتیان قراردارد.

جاذبه های دیگر امروز شهر تهران : پل طبیعت– باغ کتاب – پارک ژوراسیک و کاخ موزه های گوناگون است که تمرکز این بنا ها در تهران سبب جمعیت بیش از اندازه اینکلان شهرشده است.

برای گردشگرانی که از جا های گوناگون برای بازدید از شهر تهران می آیند هتل و مهمانسرا و هتل آپارتمانهایی با قیمت های مناسب و برابر با هر سلیقه ای ساخته شده است که شناخته شده ترین آن ها هتل هما (شرایتونپیش از انقلاب) هتل استقلال(هیلتون پیش از انقلاب) و هتل اوین می باشد.

تهران امروز با وجود گستردگی بی اندازه ی شهری ولی بدون مدیریت کامل و حرفه ای نتوانسته شرایط خوبی را برای ساکنین آن به وجود آورد و اکنون یکی از آلوده ترین شهر های بزرگ جهان است.

مدیریت شهری یکی از ارکان های مهم گُسترش شهرها می باشد که متاسفانه نبود این مدیریت سبب مشکلات ویژه ای برای شهروندان خواهد شد.

پرسش:

- تهران چند سال تاریخچه پایتخت بودن دارد؟
- بزرگترین رشته کوهی که تهران را در بر گرفته چه نام دارد؟
- جهت های اصلی باد های تهران کدام است؟
- رودخانه های اصلی این شهر چه نام دارد؟
- مدیریت اشتباه سبب چه مشکلاتی در این شهر شده است؟
- آیا دوست دارید به تهران سفر کنید؟ ....چرا ؟

قله دماوند در شمال شرقی تهران

Damavand Peak

واژگان
ورودی های تهران بزرگ

Is named	نامیده می شود	Entrance	ورودی
Is done	انجام می شود	Traditional buildings	ساختمان های سنتی
Historic square	میدان تاریخی	Past times	روزگاران گذشته
For this reason	به همین دلیل	Old history	تاریخ قدیمی
Special	ویژه	Would you like	مایل هستید
Foreign guests	مهمانان خارجی	Out of Iran	خارج از ایران
Governmental	دولتی	First	اولین
Airport route	مسیر فرودگاه	Airport	فرودگاه
Boulevard	بلوار	International	بین المللی
Traditional	سنتی	Completed / finished	تکمیل
Tomb	آرامگاه	Use	بهره برداری
Founder	بنیانگذار	Simultaneous	همزمان
The current regime	رژیم کنونی	admission capacity	ظرفیت پذیرش
dome & Golden minaret	گنبد و مناره طلایی	Numerous	متعدد
Space	فضا	Large plane	پهن پیکر
Welcome of passenger	پذیرایی مسافران	Distance from	فاصله از
Death anniversary	سالگرد درگذشت	About	حدود
The male historic	مرد تاریخ ساز	Past regime	رژیم گذشته
Remember	در یاد داشته باشید	The city near Tehran	ساوه(شهری نزدیک تهران)

ورودی های تهران بزرگ

در میان ساختمان های بلند و کوههای زیبای البرز شهری کهن به نام تهران بزرگ قرار دارد. این شهر که امروز بسیار متفاوت با روزگاران گذشته و تاریخ قدیمی اش می باشد با جمعیتی حدود ۱۳ ملیون روزگار می گذراند.

اگر مایل به دیدار از این شهر بزرگ و زیبا هستید و در خارج از ایران زندگی می کنید(**توریست**) اولین ورودی شما فرودگاه بین المللی ساوه (**امام خمینی**) می باشد.

این فرودگاه در زمان رژیم اسلامی ایران تکمیل و به بهره برداری رسیدو همزمان ظرفیت پذیرش هواپیماهای متعدد و پهن پیکر را دارد و فاصله آن از مرکز شهر تهران حدود ۲ ساعت است.

در رژیم گذشته ی ایران(**پهلوی**) فرودگاه دیگری برای پروازهای بین المللی وجود داشت که (**مهر آباد**) نامیده می شود و امروز بیشتر پروازهای داخلی و دولتی از آن انجام می گردد این فرودگاه بسیار نزدیک میدان تاریخی شهیاد (آزادی) ساخته شده و نیم ساعت با مرکز شهر تهران فاصله دارد و به همین دلیل پروازهای ویژه ی میهمانان خارجی و دولتی از این فرودگاه انجام می شود.

در مسیر فرودگاه مهر آباد بلوارهای زیبای پر گل و در مسیر فرودگاه ساوه ساختمان های سنتی و قدیمی شهر تهران است .

مهمترین بنایی که در مسیر فرودگاه ساوه قرار دارد: آرامگاه بنیانگذار رژیم اسلامی ایران (آیت اله خمینی) می باشد. این آرامگاه با گنبد و مناره های طلایی و چراغ های پر نور از دید هیچ مسافری در این مسیر پنهان نمی ماند در فضای بسیار بزرگ آرامگاه ، هتل ها و مهمانسرا های بسیار ساخته شده که هر سال پذیرای مسافران بسیار زیادی از شهر های گوناگون ایران در سالگرد درگذشت این مرد تاریخ ساز ایران است.

به جز این دو فرودگاه بزرگ فرودگاه های بین المللی دیگری در شهرهای بزرگ ایران مانند اصفهان، شیراز، مشهد، تبریز، بندرعباس وجود دارد.

دیدار از تهران بزرگ را در یاد داشته باشید.

پرسش:

- مسافران خارجی از چه فرودگاهی می توانند وارد تهران شوند؟

- این فرودگاه چه زمانی ساخته شده است؟

- ویژگی فرودگاه رژیم گذشته را کوتاه بنویسید، امروز از آن چگونه استفاده میشود؟

- آرامگاه بنیانگذار حکومت اسلامی ایران در چه زمان و در کجا ساخته شده است؟

- امکاناتی که برای مسافران در این مکان ساخته شده است چگونه است؟

فرودگاه بین المللی امام خمینی
(تهران)
International Khomayni Airport (IKA)

بازنویسی:

واژگان
جلوه های گردشگری در تهران

Floor	طبقه	Effects	جلوه های
To hold	برگزار کردن	Tourism	گردشگری
Luxury	لوکس - تجملی	Chosen / selection	گزینش - انتخاب
Admiration	تحسین	Dome	گنبد
Wonder	شگفتی	Palace	کاخ
Free	رایگان	Symbol	نماد
Enjoy	برخوردار شدن	The glory / greatness	شکوه - عظمت
Take a look	سری بزنید	Tourists	گردشگران
Recently	به تازگی	Distance	فاصله
Fun	سرگرمی	Visitor	بازدیدکننده
Except for this	بجز این	Access to	دسترسی داشتن
Urban neighborhoods	محله ی شهری	Telecommunication	مخابراتی
Has been created	ایجاد شده است	Engineers	مهندسان
Welcome	خوش آمد	Foreign	خارجی

جلوه های گردشگری در تهران

پارک ها – موزه ها – باغ کتاب

انتخاب یک بنا و سازه برای نماد شهری کهن مانند تهران کمی دشوار است ، (میدان توپخانه ،میدان حسن آباد و گنبدهایش ،باغ ملی ،کاخهای پادشاهان ا یران ،خیابان پهلوی (ولیعصر) از میدان راه آهن تا میدان تجریش، برج طغرل ، برج شهیاد (آزادی) ، برج میلاد و همه نشانه ای از شکوه و جلوه ای از معماری قدیم و مدرن در تهران امروز است.

نماد تهران تا پیش از رژیم کنونی ایران میدان شهیاد یا (میدان آزادی امروز) بود که هنوز هم برای گردشگرانی که به تهران می آیند و حتا ایرانی هایی که از شهر های دیگر به تهران می آیند جالب و دیدنی است.این میدان در فاصله کوتاهی از فرودگاه بین المللی مهر آباد حدود پنجاه سال پیش ساخته شده است. در این برج نمایشگاه های گوناگون مانند : کتاب ،عکس ،کارها یدستیو هنری برای بازدیدکنندگان وجو ددارد ، رستوران وکافی شاپ (چایخانه) و مکان ها یی برای استراحت نیز وجوددارد. در اطراف برج باغچه های پرگل و زیبا و چندین خیابان ورودی به میدان قرار دارد که دسترسی به این برج را آسان می سازد.

بیش از چند سال از پایان یافتن برج مخابراتی میلاد نمی گذرد ، این برج بر روی تپه ای در یکی از بخش های معروف تهران (گیشا) ساخته شده بلندای این برج۴۳۵ مترمیباشد و ششمین برج بلند مخابراتی درجهان شناخته شده است ،این برج با کمک مهندسان و معماران ایرانی و خارجی ساخته و پایان یافته است در طبقه های گوناگون برج میلاد فضاهای بسیار زیبا یی برای گردشگران وجود دارد چندین سالن سینما ،سالن بزرگ برای برگزاری کنسرت های موسیقی ، رستوران های لوکس ، چایخانه (کافی شاپ) مدرن و فانتزی با انواع خوراک های ایرانی و خارجی. جالبترین این فضاها نمایش آبی **دلفین** هاست که سبب تحسین همگان و شگفتی گردشگران می شود.

اگر بخواهید رایگان از فضایی برای استراحت خانواده در روزهای آخر هفته برخوردار شوید میتوانید به پارک های زیبایی که در گوشه و کنار تهران ساخته شده سری بزنید و یک روز را به

خوبی و خوشی بگذرانید (پارک ساعی ،پارک ملت درخیابان پهلوی(ولیعصر) ،پارک ژوراسیک ،بلوار وگردشگاه خلیج فارس درغرب تهران و پارک چیتگرکه به تازگی باسرگرمی های گوناگون ساخته شده است.

بجز این پارک های بزرگ و معروف در هر محله ی شهری تهران بزرگ پارک های زیبا و کوچکی به نام بوستان برای شهروندان ایجاد شده است. بازدید از (باغ کتاب) و فضاهای دیدنی آن را فراموش نکنید.

شهر تهران همیشه در انتظار شماست.

پرسش:

- اگر به تهران سَفر کنید از چه بنا و یا مکانی ابتدا بازدید خواهید کرد؟

- چلوه های گردشگری در یک شهر و یا کشور از دید شما برای چه ساخته شده است؟

- آیا فکر می کنید ایران و تهران دیدنی خواهد بود؟ چرا ؟

بخش کودکان در باغ کتاب تهران

بازنویسی:

واژگان
جابه جایی در شهر بزرگ تهران

Can be identified	شناساند	Expert	کارشناس
Saleable / for sale	قابل فروش	Transportation	حمل نقل
Take the Metro	سوارشدن	Urban affairs	اُمور شهری
Get off the Metro	پیاده شدن	Managers city	مدیران شهری
Underground	زیر زمین	Plan and program	طرح ها و برنامه ها
Player / musicians	نوازندگان	Assign / Dedicate	اختصاص دهند
Instrument	ساز	Expand	گسترش
Traditional	سنتی	Train network	شبکه ی ترن
Official work	کار رسمی	Close distances	فاصله های نزدیک
Song / music	آواز	Organizing	ساماندهی
Sweet	دلنشین	A lively city	پُرجنب و جوش
Respect	احترام	Energetic	پُر انرژی
Overpopulation	جمعیت زیاد	Time is money(gold)	وقت طلاست
Building density	تراکم ساختمان	More spectacular	دیدنی تر
Air pollution	آلودگی هوا	Accelerate / hurry	پر شتاب
Waste of time	تلف شدن زمان	Income	درآمد
Traffic	راه بندان	Unemployment	بیکاری
Boring	کسل کننده	Ugly	زشت
Tired and violent	خسته و خشن	Government officials	مسئولان کشوری
Specifications	ویژگی	Sale of goods	فروش کالا
The city making news	شهر خبر ساز	Is busy	مشغول است

جابه جایی در شهر بزرگ تهران

کارشناسان حمل و نقل و امور شهری می گویند هر روز بیش از سه ملیون خودرو و دو ملیون موتور سیکلت در شهر تهران در رفت و آمد هستند. همین امر سبب میشود تا مدیران شهری بخش مهمی از طرح ها و برنامه های خود را به حرکت روان اتوموبیل ها در جابجایی (ترافیک) اختصاص دهند. ساخت بزرگراه – پل ها – تونل های زیر گذر بخشی از این برنامه ی شهری است. گسترش شبکه ی ترن شهری (مترو) و داشتن ایستگاه های مترو در فاصله های نزدیک در ۶ خط و در مسیر شمال به جنوب و شرق به غرب تهران کار این جابجایی را آسان کرده است

داشتن ۴ هزار [17] دستگاه اتوبوس تندرو [18] (BRT) بخشی از ساماندهی این جابه جایی می باشد. تهران در تمام روزهای سال پر جنب و جوش است شهری است پول ساز برای انسان های جوان و پر از انرژی. زمان در تهران همیشه دیر است به همین دلیل شهروندان به خوبی درک می کنند که (وقت طلاست)

صبح تهران دیدنی تر از هر زمان دیگر است، همه دونده اند، پر شتاب برای کار و در آمد بیشتر. متاسفانه به دلیل نبودن برنامه ریزی برای کار جوانان بیکاری چهره ی زشت امروز شهر تهران است مسئولان کشوری نتوانسته اند برای گروه جوان کار به وجود آورند ،این گروه جوان و پر انرژی و پر توان و با هوش هرروز از صبح تا شب برای به دست آوردن پول در ترن شهری (مترو) به فروش کالا مشغول است. هر کالایی که بتوان در دست گرفت و آن را به خریداران که مسافران هستند شناساند قابل فروش است آنان در هر ایستگاه سوار یا پیاده می شوند تا به ترن دیگری بروند و کار فروش را ادامه دهند.

ویژگی های مترو تهران: در ایستگاه های مترو هم که بیشتر در زیر زمین ساخته شده است فروشگاه های کوچک با فروشندگان جوان به کار خرید و فروش کالا های گوناگون مشغولند تا مردم به هنگام رفت و آمد در این ایستگاه ها آن چه را نیاز دارند بخرند

[17] آمار مربوط به سال ۱۳۹۶ شمسی یا ۲۰۱۷ میلادی می باشد

[18] BRT= BUS Rapid Transit

ترن شهری در شمال تهران "تجریش" در عمق ۵ طبقه رفت و آمد می کند پلکان های برقی کار گذر از طبقه ی اول تا عمق زمین (۵ طبقه) را آسان می کند.

نوازندگان جوان با سازهای سنتی ولی بدون کار رسمی گاهی در ورودی ها و خروجی های ایستگاه مترو موسیقی دلنشین می نوازند تا بتوانند از این راه پولی به دست آورند، شهروندان تهرانی احترام زیادی برای این جوانان دارند و به آنان کمک می کنند.

تاکسی های شهری و اتوبوس ها بخش دیگری از این جا به جایی را انجام می دهند.

جمعیت زیاد- تراکم ساختمان- آلودگی هوا- تلف شدن زمان در بهترین ساعت روز- گذراندن زمان در راه بندان های کسل کننده چهره شهر تهران را خسته و خشن کرده است.

تهران ویژگی مهم دیگری هم دارد، شهری است خبرساز.

پرسش:

- شما فکر می کنید بهترین وسیله برای جابجایی در "یک شهر بزرگ" چیست؟. چرا؟
- آیا مترو در جایی که شما زندگی می کنید کار جابجایی را آسان کرده است؟
- (مترو) و یا (اتوبوس) کدام برای شهر های بزرگ بهتر است؟
- تهران اکنون چند خط مترو دارد؟
- ویژگی مترو های تهران در چیست؟
- چه چیز چهره ی تهران بزرگ را زشت کرده است؟ دلیل آن را می دانید؟
- آیا تهران شهری پول ساز است؟
- برای مدیریت یک شهر بزرگ پیشنهاد شما چیست؟

واژگان
تاکسیرانی در تهران

Activity	فعالیت	In addition/ moreover	علاوه بر
By the cell phone	به وسیله موبایل	Taxirani	تاکسیرانی
Passenger's request	درخواست	Very important role	نقش بسیار
They receive	دریافت می کنند	Citizens	شهروندان
Accept the path	پذیرش مسیر	Different paths	مسیر های گوناگون
Price confirmation	تائید قیمت	Fixed price	قیمت ثابت
Personal ownership	مالکیت شخصی	Passenger	سرنشین- مسافر
Destination	مقصد	Privat sector	بخش خصوصی
Movement / trip	جابه جایی	History	تاریخچه ای
Patience	شکیبایی	Depending on the route	وابسته به مسیر
Crowded	شلوغ- پر جمعیت	The neighbourhood	محله
Lovely	دوست داشتنی	Recently	به تازگی

آنچه می خوانیم:

- چگونگی تاکسیرانی در تهران بزرگ.

- خط های تاکسیرانی در تهران.

- ویژگی تاکسی های بخش خصوصی.

تاکسیرانی در تهران

علاوه بر ترن شهری (مترو) و اتوبوس تند رو[۱۳]،وجود گوناگون تاکسیرانی گوناگون نقش بسیار زیادی در جابجایی شهر وندان تهرانی دارد.

این تاکسی ها که در مسیر های شهررفت و آمد می کنند دارای قیمتی ثابت می باشند .

تاکسی های آزاد دیگری هم هستند که در سطح شهر در رفت و آمد هستند و گاهی می توانند ۴ مسافر داشته باشند و گاهی به درخواست مسافر می تواند تنها یک نفر در آن باشد ولی و با پرداخت پول بیشتر می تواند به مقصد برود .

دَر بخش خصوصی تاکسیرانی تهران ۲ گروه هستند ۱-تاکسی تلفنی ۲-تاکسی خصوصی اینترنتی به نام (اسنپ) که مانند Uber در آمریکا است .

تاکسی تلفنی تاریخچه ای قدیمی تر دارد و در هر محله چند ایستگاه دارد که مشتری با تماس تلفنی از آن ها برای مسیر ی که میخواهد ماشین درخواست می کند این گونه تاکسی ها نرخ یا قیمت ثابت خود را دارند (وابسته به مسیر)

تاکسی های خصوصی اینترنتی هم به تازگی در شهر تهران در رفت و آمد ند که دو شرکت اکنون در ایران فعالیت می کنند به نام اسنپ[۱۴]و دیگری به نام تبسی[۱۵]

این تاکسی ها با اینترنت و به وسیله ی موبایل[۱۶](تلفن دستی) در خواست مسافر را دریافت می کنند و پس از پذیرش مسیر به وسیله راننده و گفتن (تایید) قیمت به آدرس درخواست کننده می روند و مسافر را به مقصد می رساند.

تاکسی های اینترنتی دارای مالکیت شخصی و در مدل های گوناگون جدید ماشین است و به کمک GPS و نقشه راه سرنشین را به مقصد می رساند.

اگر روزی شما به تهران آمدید باید برای جابه جا یی شکیبایی بسیار داشته باشید ،تهران شهری است بسیار شلوغ (پر جمعیت) ولی زیبا و دوست داشتنی.

---

[13] BRT= BUS Rapid Transit
[14] Snap
[15] Tabsi
[16] Cell phone

واژگان
بازار و مراکز خرید بزرگ ایران

Very crowded	بسیار شلوغ	Souvenir	یادگاری - سوغات
Bazaar / market	بازار	Gift	هدیه
To be willing	مایل بودن	Handcraft	صنایع دستی
Tray	سینی	Taste	پسند / سلیقه
Original / noble	اصیل	Goods	کالا
To visit	بازدید کردن	Favorite / desired	دلخواه
Expensive	گران	Architecture	معماری
Wondered	شگفت زده	Culture	فرهنگ
Commercial complexes	مجتمع های تجاری	Attitude / behavior	رفتار
Check it out	سری بزنید	Cheaper	ارزان تر
Luxury	لوکس	Carpet	فرش
Middle East	خاور میانه	Gold	طلا
Famous brands	مارک های مشهور	Jewel	جواهرات
International	بین المللی	Silver	نقره
Accessories	زیور آلات	Mirror	آینه
Favorite popular	مورد پسند - دلخواه	Candlestick	شمعدان
No shopping	دست خالی (بدون خرید)	Designe	طرح

بازار و مراکز خرید بزرگ تهران

پس از بازدید از مکانهای گوناگون گردشگری در ایران اگر مایل به داشتن یادگاری از سفر به ایران و یا خرید هدیه ای برای دوستان و آشنایان خود هستید بازار ها و فروشگاه های بیشماری در تهران وجود دارد.

ابتدا باید از خود بپرسید چه میخواهید بخرید؟ با چه قیمتی میخواهید بخرید؟ ، آیا صنایع دستی ایران را دوست دارید؟ آیا مایل به خرید اشیای گرانبها و قدیمی و سنتی ایران هستید؟ در بازارها و فروشگاههای بزرگ تهران برای هرگونه پسند (سلیقه) و با هر میزان پول کالای دلخواه شما پیدا خواهد شد.

بازار بزرگ و سنتی و قدیمی تهران که هم برای خرید و هم برای بازدید از معماری سنتی آن بسیار مورد توجه گردشگران است در جنوب تهران و بازار سنتی و کوچکتر دیگری به نام تجریش(بازار قائم) در شمال تهران و در کوهپایه" تجریش" قرار دارد.

بنای ویژه ی این بازار ها نمایش گر سلیقه و پسند مردمان روزگاران گذشته ی ایران است در هر دو بازار فرهنگ و رفتار فروشندگان متفاوت و سنتی است ،از پوشاک و خوردنی هرچه بخواهید دراین بازارها وجود دارد و ارزش کالا درآن ارزانتر از مجتمع های تجاری[12] شهر تهران است.

با ارزشترین کالایی که شما می توانید از بازار بزرگ تهران و یا بازار تجریش بخرید **فرش ایران** ،**طلا** و **جواهرات** و **نقره** و **کارهای دستی**است که بیشتر با نقره ساخته شده اند مانند آینه ، شمعدان ، سینی ، بشقاب و کاسه ، در بخش ویژه طلا و جواهرات هر بیننده ای از گوناگونی و طرح های اصیل و زیبای ایرانی شگفت زده می شود.

پس از دیدار از این دو بازار می توانید به فروشگاه های بزرگ و مُدرن در مجتمع های تجاری که به تازگی در تهران و برخی از استان های بزرگ ایران ساخته شده است سری بزنید. برخی از این مراکز بزرگ و لوکس در تهران است مانند: (ارگ تجریش- پالادیُم – سوپراستار- کوروش و ایران مال

---

[12]Mall = مجتمع تجاری

بازدید از این مجتمع ها به ویژه ایران مال (Iran Mall) بسیار دیدنی است که این مرکز خرید بزرگترین و لوکس ترین در خاورمیانه است.

در این فروشگاه های لوکس بزرگ شما می توانید پوشاک با مارک های مشهور بین المللی ،زیورآلات ،طلا و جواهر و آن چه را که می خواهید با قیمت های بسیار گران خریداری کنید. در همه این فروشگاه ها چایخانه های زیبا (کافی شاپ) هم وجود دارد که می توانید در آن استراحت کنید و قهوه ی مورد پسند خود را بنوشید. از این فروشگاه ها بدون تردید دست خالی بر نخواهید گشت.

پرسش:

- درباره ی صنایع دستی ایران چه می دانید؟
- کدام یک از صنایع دستی ایران را دیده اید؟
- اگر به ایران بروید کدام یک از صنایع دستی ایران را خواهید خرید؟
- آیا کشوری که شما زندگی می کنید کار دستی ویژه ای دارد؟

ایران مال
Iran Mall

بازنویسی:

واژگان
نسل جوان ایران

Youth needs	نیازهای جوانان	Young generation	نسل جوان
Financial facilities	امکانات مالی	Most valuable	با ارزش ترین
Welfare	رفاهی	Human resource	سرمایه ی انسانی
Smart	هوشمند	Foundation	زیر بنا
Seriously	جدی	Climate / country	اقلیم
Futuristic	آینده نگر	To depend	بستگی داشتن
The opportunity	فرصت	Relationship	ازتباط
Hopefully	امیدوارکننده	Interconnected	به هم پیوسته
Consciously	آگاهانه	Global dependency	وابستگی جهانی
Gradually	تدریجی	Electeronic	الکترونیک
Average financial level	سطح متوسط	Surrounded	در بر گرفته
Continuing education	ادامه ی تحصیل	There is no escaping it	گریزی از آن نیست
Marriage	زندگی مشترک(ازدواج)	Scientific	علمی
Public / universal	همگانی	Educational	آموزشی
Political turmoil	آشفتگی سیاسی	Fundamental change	دگرگونی های اساسی
Decisions	تصمیم گیری ها	Daily life	زندگی روزانه
World war	جنگ جهانی	Religious basc	پایه ی مذهبی
Possibility	احتمال	Duality	دوگانگی
Despair	ناامیدی	Intellectual &ideological	فکری و عقیدتی
Contrary to political condition	برخلاف شرایط سیاسی	Teaches	می آموزد
Unpleasant	ناخوشایند	To rely on	مُتکی باشد
Various arts	هنری های گوناگون	Revolutionary generation	نسل انقلابی
Illustration	تصویر سازی	Away from them	از آنها فاصله گرفته اند
Admirable	تحسین برانگیز	Intellectual independence	استقلال فکری
Engraving on metal	قلم زنی روی فلز	Freedom of thought	آزادی اندیشه
Difficult conditions	شرایط سخت	Relief from tradition	رهایی از سُنت
To attract	جلب کردن	Ancestors	گذشتگان (قدیمی)
		Without any doubt	بدون تردید

نسل جوان ایران

نسل جوان با ارزش ترین سرمایه ی انسانی هر کشوری می باشد که چگونگی زندگی آن ها به سه عامل مهم اقلیم - سیاست و اقتصاد بستگی کامل دارد.

اقلیم زیر بنای سنت ها و فرهنگ ، **سیاست** زیر بنای ارتباط با کشور های دیگر و **اقتصاد** زیر بنای چگونگی سطح زندگی مردم است.

دنیای امروز انسان ها از سویی به هم پیوسته و از سویی دیگر به طور کامل جدا و مستقل عمل می کند و آن چه که ما امروز شاهد آن هستیم بیشتر سوی وابستگی[11] جهانی آن است.

دنیای الکترونیک همه ی جهان را در برگرفته و گریزی از آن نیست ، الکترونیکی بودن دنیا همه ی انسان ها را از جهت آگاهی های علمی ، آموزشی و هنری و سرگرمی وابسته و یکی کرده است، این آگاهی ها در کشور ایران هم سبب دگرگونی های اساسی در زندگی روزانه ی مردم به ویژه جوانان شده است.

انقلاب اسلامی ایران در (۱۳۵۷- ۱۹۷۹) به دلیل داشتن پایه ی مذهبی ابتدا دو گانگی فکری و عقیدتی را سبب شد. نسل انقلابی چهل سال پیش که سبب پیروزی انقلاب شد به گونه ای فکر می کرد که امروز از خود می پرسد آیا درست اندیشیده بود؟ و به نسل امروز ایران می آموزد که بیش از هر چیز باید تصمیم هاش بر آگاهی و شناخت خویش مُتکی باشد، نسل انقلابی دیروز، پدران و یا پدر بزرگ های نسل امروز ایران هستند و تجربه های با ارزش بسیار دارند ، اما آنان بیش از هر زمان دیگر با جوانان فاصله گرفته اند.

آن چه تجربه ی شخصی نویسنده در سفر به ایران بود **استقلال فکر، آزادی اندیشه** و رهایی از **سنت های گذشتگان** در نسل جوان امروز ایران است.

بدون تردید با گذشت چهل سال از انقلاب ایران نیاز های جوانان کشور از سوی حکومت مانند ، تحصیل، کار ، امکانات مالی و رفاهی بدون پاسخ مانده است ولی از نسل جوان امروز ایران جوانانی

---

[11] Globalism dependency

هوشمند، جدی، مستقل و آینده نگر و هنرمند ساخته است که می دانند چگونه راه خود را بیابند و زندگی کنند.

خوشبختانه این فرصت را داشتم (نویسنده) که با چند تن از آنان از نزدیک گفتگوهایی داشته باشم آن چه برایم جالب ویا بهتر بگویم امیدوار کننده بود پاسخ های آگاهانه ی آن ها بود.

اولین پرسش ام از آنان درباره آینده ی زندگی آن ها بود، برنامه ها ، نقشه ها و هدف هایشان.

پاسخ جوانانی که از امکانات مالی برخوردار بودند(ثروتمند بودند) ، ماندن و زندگی کردن در ایران و تاثیر بر جامعه ی ایران گام به گام و تدریجی بود ، زیرا امکانات مالی توان کافی برای انجام هدف هایشان را به آنان می داد.

پاسخ آن گروه از جوانان که در سطح مالی متوسط زندگی می کردند نگرانی از ادامه ی تحصیل و داشتن زندگی مشترک (ازدواج) بود و بیشتر آنان در انتظار پیدا کردن کشوری غیر از ایران بودند تا در آن کشور به هدفشان برسند ، برایم بسیار جالب بود که آنان زبان انگلیسی را به روانی صحبت می کردند.

جوانانی که که تحصیلاتشان را به پایان رسانده و دوستدار ماندن و زندگی کردن در ایران بودند به روشنی گفتند که از آینده ی ایران می ترسند و این ترس از دنیای آینده ترسی همگانی در میان همه ی جوانان دنیاست زیرا آشفتگی سیاسی در تصمیم گیری ها هرگز اینچنین نگران کننده نبوده است.

احتمال رویداد یک جنگ جهانی هر انسان اندیشمندی را می ترساند. خوشبختانه هیچ گروهی از جوانان را که نا امید و بی هدف برای آینده باشند ندیدم.

جوانان ایران امروز بر خلاف شرایط سیاسی ناخوشایندی که با آن روبرو هستند، جوانانی شاد، پر امید جذاب ، پرکار هستند. با آگاهی و دانش بسیار از دنیای الکترونیکی امروز دنیا.

آن ها در هنری های گوناگون مانند : موسیقی، نقاشی، تصویر سازی، سرامیک، قلم زنی بر روی فلز و کارهای سنتی ایران آثار جالب و دیدنی آفریده اند که چَشم هر بیننده ای را به خود جلب

می کند. خلاقیت فکری و ذهنی آنان در ایران امروز پدیده ای تَحسین برانگیـز اسـت و بایـد بـاور داشت که می گویند: **" شرایط سخت زندگی ، مردان بزرگ را می آفرینند"**

جوانان ایران امروز ، بدون تردید زنان و مردان بزرگ در آینده ی ایران و جهان خواهند بود.

*****

پرسش:

- شما فکر می کنید چه عاملی می تواند در یک نسل بیش از هر چیز تاثیر گذار باشد؟
    - در ایران چه عاملی سبب این دگرگونی شد؟
    - جوانان امروز ایران چه راهی را برای آینده انتخاب کرده اند؟
    - دگرگونی پس از انقلاب ایران را در نسل جوان می توانید با چه کشور دیگری مقایسه کنید؟
    - آیا سیاست برای انسان های جامعه مهم تر است یا اقتصاد؟
    - ویژگیهای یک جامعه ی سالم چیست؟ شما چه فکر می کنید؟

گروهی از جوانان ایران

A group of Iranian youth

بازنویسی:

بخش سوم
چهره‌های شناخته‌شده و ماندگار
در
ادبیات و هنر معاصر ایران

واژگان

نیما یوشیج

Revolutionary belief	باور انقلابی	Contemporary literature	ادبیات معاصر
To connect &harmony	پیوند و هماهنگی	Bases / foundations	پایه ها
Thinking /imagination	تَفکُر / تَخیل	Hardship and suffering	سختی و رنج
understanding	فهم	poetry	سروده
He emphasized	تاکید داشت	Solid	مُحکَم
lung dieses	بیماری ریه	Transform	دگرگون کُند
Became infected	آلوده شد	First	ابتدا
treatment	درمان	Continue, run on	ادامه دادن
Had not affect	تاثیر نداشت	Repute ,Celebrity	شهرت داشت
He stayed silent(he died)	خاموش ماند	Sympathetic	دلسوز
Body	پیکر	Dedicate	تقدیم کردن
A will	سفارش شخصی- وصیت	Board of director	هیئت مدیره
Birth place	زادگاه	Foundation of new poetry	پایه ی بنای شعر نو
Buried / to bury	خاک سپردن	To collect	گِردآوری
Without any doubt	بدون تردید	Social criticism	نقد اجتماعی
History of literature	تاریخ ادبیات	Poetry analysis	تحلیل شعر
Eternal / immortal	جاودان	Social condition	چگونگی های اجتماعی
With dignity	با وقار	Format & harmony of poem	قالبِ و وزن شعر
Enchanting	دل ربا	Old poetry	شعر کهن
Enthusiastic	شوق افزا	Foremost	پیشرو ترین
Island side	کنار جزیره	Vocabulary	واژگان
Hiddin	نهان / پنهان	He used	به کار می گرفت
			ویژگی شعر

نیما یوشیج

پایه گذار ادبیات نوین ایران زمین

علی اسفندیاری مردی که در تاریخ ادبیات معاصر ایران به نام (نیما یوشیج) شناخته می شود در (۱۲۹۶ش برابر ۱۸۹۷ م) در یکی از روستا های کوهستانی در استان مازندران به نام" **یوش** " به دنیا آمد. او ۶۲ سال زندگی کرد و با وجود سختی و رنج بسیار در زندگی اش توانست پایه های هزار ساله ی شعر فارسی را با سروده های زیبا و محکم اش دگرگون کند .

علی اسفندیاری ابتدا در همان دهکده ای که به دنیا آمده بود خواندن و نوشتن را یاد گرفت و سپس یازده ساله بود که به تهران آمد. ابتدا به دبستان "حیات جاوید" و پس از مدت زمانی در یک مدرسه فرانسوی که آن زمان در تهران به " **مدرسه ی سن لوئی** " شهرت داشت به درس خواندن ادامه داد در این مدرسه با آموزگاری دلسوز و مهربان به نام " نظام وفا " که او هم شاعر شناخته شده ای بود آشنا شد و همین آموزگار او را با هنر شاعری آشنا کرد نظام وفا استادی است که " **نیما** " شعر بلند " افسانه " را که زیر بنای شعر نو در زبان فارسی است را به او تقدیم کرده است.

نیما نخستین شعرش را در ۲۳ سالگی می نویسد و در دی ماه ۱۳۰۱ ش" افسانه " را می سراید و بخش هایی از آن را در مجله ی (قرن بیستم) چاپ می کند در ۱۳۰۵ با عالیه خانم ازدواج میکند و در سال ۱۳۱۷ در هیئت مدیره مجله ی موسیقی و در کنار (**صادق هدایت**) به کار روزنامه نگاری مشغول می شود چهار سال پس از ازدواج تنها فرزندش شراگیم به دنیا می آید که پس از درگذشت نیما با کمک دوستان پدرش کار گرد آوری و چاپ نوشته های او را انجام می دهد و از میان این نوشته ها نامه های اوست که بیشتر برای دوستانش نوشته شده است این نامه ها درباره ی نقد اجتماعی و تحلیل شعر زمان خود می باشد .

نیما علاوه بر شکستن قالب های شعری گذشته در شعر معاصر ایران قالب نو و سبک ویژه ای به وجود می آورد که پایه ی ادبیات معاصر ایران می شود.

شعر معاصر راه های جدیدی را پیش روی شاعران باز کرد و موضوع های اجتماعی بسیار زیاد که تا آن زمان در شعر گفته نمی شد با زبان شعر بیان شد.

نگاه نیما به شعر و جریان شعر به گونه ای بود که همه ی اشیا یی که در اطراف او وجود داشت می توانست در شعر اووجود داشته باشد.

نیما توانست شعر کهن فارسی را که جزو پیشروترین شعر های جهان بود با شعر امروز جهان پیوند دهد که خواندن آن برای هر انسانِ دوستدار شعر و ادب دوست داشتنی و زیبا باشد

نیما توانست باورهای برخی از بزرگان شعر فرانسه را در خود جمع کرده و از آن ها به سود شعر فارسی بهره بگیرد او ویژگی شعر " مالارمه" شاعر فرانسوی را که دوستدار قالب شعر بود در کنار باور انقلابی " رمبو " که دوستدار آزادی کامل شعر بود قرار داد و با پیوند و هماهنگی بین آن دو " شعر سپید " را به وجود آورد.

نیمایوشیج توانست واژه های مَحلی هر اُستان را در زبان شعری به کار گیرد او یکی از بزرگان شعر **فولکلور**[10](مَحلی) ایران است.

با ارزشترین کار نیما در شعرِ فارسی به کارگیری واژگان با ناب ترین معنی در شعر است که انسان با خواندن آن همان احساسی را خواهد داشت که او بیان می کند او خیال پردازی در شعر پارسی را به اوج رساند و شعر را در خدمتِ (تَخَیُلِ و تَفکُر) انسان گرفت .

نیما بر وزن شعر بسیار تاکید داشت، و وزن را پوششی مناسب برای فهم و احساس شاعر می دانست.

او سرانجام به دلیل سرمای شدید شهر "یوش" به بیماری ریه مبتلا شد و برای درمان به تهران آمد ولی این درمان در بهبود حال اوتاثیری نداشت و درتاریخ سیزدهم دی ماه ۱۳۳۸ش۱۹۵۹ م)

[10]Folklore

برای همیشه از سرودن شعر ناب پارسی خاموش ماند و پیکر او را بنا بر سـفارش شخصـی اش در حیاط خانه ی زادگاهش روستای **"یوش"** به خاک سپردند.

شعر های او بدون تردید در تاریخ ادبیات ایران زمین جاودان خواهد ماند.

نمونه ای کوتاه از شعرهای او را می خوانیم (تفکر سیاسی- اجتماعی)

می تراود مهتاب
می درخشد شب تاب
نیست یکدم شِکَند خواب به چَشمِ کَس و لیک
غمِ این خُفته ی چند
خواب در چشم تَرم می شکند

نمونه ای دیگر:

ای آدم ها
که در ساحل نِشسته شاد و خَندانید
یک نفر در آب
دارَد می سِپارَد جان

قو (خیال پردازی نیما)
صبح چون روی می گشاید مهر
روی دریای سرکش و خاموش ،
می کشد موج های نیلی چهر
جبه یی از طلای ناب به دوش
صبحگه ،سرد و تر ،درآن دمها
که ز دریا نسیم راست گذر ،
گل مریم به زیر شبنم ها ،
شست و شو می دهد بر و پیکر.
صبحگه ،که انزوای وقت و مکان
دل رباینده است و شوق افزاست ،
بر کنار جزیره های نهان
قامت با وقار قو پیداست.

پرسش:

- نیما یوشیج شاعر بزرگ چه دوره ای است؟

- نیما یوشیج پایه گذار چه شعری در ادبیات ایران است؟

- چه عواملی سبب این پایه گذاری شد؟

- او تا چه اندازه از خیال پردازی و اشیاء پیرامونش بهره می گیرد؟

- آیا فکر می کنید نیما یوشیج شاعری سیاسی بود؟ چرا ؟

بازنویسی:

واژگان

مهدی اخوان ثالث

معاصر	Contemporary
نام شعری	Nickname
زمینه ی اجتماعی	Social context
حوادث – رویداد	Event
به تصویر کشیدن	Depict
لحن شعری	Poetic tone
حماسی	Heroic / Epic
آمیخته	Mixed
صلابت	Strength
ترکیبات	Compounds
گرایش پیدا کردن	To tend
سبک	Style
نوازندگی تار[9]	To play Taar
کوچ کرده بود	He had moved
انتخاب کردن	To chose
باور های فکری	Intellectual Beliefs
آمیزه	Mix
ایران باستان	Ancient Persia
عدالت خواهانه	Justice seeking
بیان	Expression
بی تابی	Impatience
پرتوی	Radiancy
یکتاپرستانه	Monotheism
باور بزرگ من	My Great Belief
عدالت	Justice
نگرش تازه ای	A New Attitude
روشنفکر	Intellectual
تاثیر عمیق	Profound effect
سرچشمه	Source
زلال-- خالص	Pure
پیروان	Followers
واقع گرایی	Realism
نمادگرایی	Symbolism
عاطفه	Affection
بی نظیر	Unique
شاهکار	Masterpiece
فضای بسته سیاسی	Closed political atmosphere
صاحبان قدرت	Authorities
سُلطه	Dominance
سراغ او نرفتم	I didn’t go to him

[9]Taar = Iranian traditional instrument

مهدی اخوان ثالث

مهدی اخوان ثالث در سال (۱۳۰۷ ش برابر ۱۹۲۸ م)در استان **خراسان** شهر **مشهد** به دنیا آمد او یکی از بزرگان شعر معاصر ایران است. نام شعری او" **م . امید**" می باشد .

سروده های این شاعر بزرگ زمینه ی اجتماعی دارد و گاهی حوادث زندگی مردم را به زیبایی در شعر به تصویر می کشد. لحن شعرهای او حماسي و آمیخته با صلابت و سنگینی شعر "خراسانی" و دارای ترکیبات نو و تازه است.

او در شعر کلاسیک فارسی بسیار توانا بود و در ادامه ی کار خود به شعر نو گرایش پیدا کرداز این شاعر توانا در هر دو سبک اشعار زیبایی به جای مانده است . او آشنا به نوازندگی تار و ردیف های موسیقی کلاسیک ایران بود.

پدر اخوان ثالث یکی از سه برادری بود که از استان یزد به مشهد کوچ کرده بود و به این دلیل آنان نام خانوادگی خود را (اخوان ثالث) به معنی برادران سه گانه انتخاب کردند.

اخوان از نطر باورهای فکری آمیزه ای از تاریخ ایران باستان و تفکرهای عدالت خواهانه بود او شعر را چنین تعریف می کند : " شعر بیان بی تابی انسان در لحظه هایی است که پرتوی از باورهای یکتا پرستانه دارد" او میگوید "من به گذشته وتاریخ ایران نظر دارم و باور من عدالت است "

شعر های او در دهه های (۱۳۳۰ و ۱۳۴۰ ش) بیان دگرگونی فکری و اجتماعی زمان بود و بسیاری از جوانان روشنفکر و هنرمند آن روزگار با شعر های او به نگرش تازه ای از زندگی رسیدند او بر شاعران معاصر ایراني تاثیر ی عمیق داشته است .

هنر اخوان در آمیزش شعر کهن و سبک نیمایی است و توانست مجموعه ای را بوجود آورد که اثری عمیق بَرنسل های پس از او گذاشت.

نادر نادر پور شاعر معاصر درباره او می گوید" شعر او یکی از سرچشمه های زلال شعر امروز است"

اسماعیل خویی شاعر ایرانی ساکن انگلستان و از پیروان سبک اخوان باور دارد که اگر دو نام از شاعران معاصر ایران به آیندگان برسد یکی از آن ها احمد شاملو و دیگری مهدی اخوان ثالث است که هر دوی این بزرگان از شاگردان نیما یوشیج هستند. او عقیده دارد که اخوان یکی از توانمندترین و دور پروازترین خیال های شاعرانه بود و چون نیما از راه واقع گرایی به نمادگرایی می رسد. اخوان نماد عاطفه در این گونه شعر پارسی است.

شاهکار اخوان ثالث شعر زیبای " زمستان " است و در فضای بسته ی سیاسی آن دوران و پس از رویداد ۲۸ مرداد ۱۳۳۲ سروده شده است. اخوان از نزدیک شدن به صاحبان قدرت به همان اندازه دوری می کرد که از پیوستن به انقلابیون ، رهبرانقلاب اسلامی ایران درباره او میگوید: " پس از انقلاب با او تماس گرفته شد که با جمهوری اسلامی همکاری داشته باشد و اخوان پاسخ داده بود : باور ما بر این است که همیشه **بَر** سلطه باشیم نه **با** سلطه " و خامنه ای می گوید: " دیگر سراغ او نرفتم"

اخوان چهل روز پس از بازگشت از خانه ی فرهنگ آلمان در سال ۱۳۶۹ شمسی برابر ۱۹۹۰ میلادی در تهران از دنیا رفت او در توس در مشهد و در کِنارِ آرامگاه فردوسی برای همیشه خوابیده است.[8]

[8] نگارنده ی کتاب در یک غروب پاییزی برای احترام به روان این شاعر بزرگ به آرامگاه او رفته است

نمونه شعر اخوان
زمستان

سلامت را نمی خواهند پاسخ گفت
سرها در گریبان است
کسی سر بر نیارد کرد پاسخ گفتن و دیدار یاران را
نگه جز پیش پا را دید نتواند
که ره تاریک و لغزان است

مسیحای جوانمرد من! ای ترسای پیر پیرهن چرکین
هوا بس ناجوانمردانه سرد است ... آی ...
دمت گرم و سرت خوش باد
سلامم را تو پاسخ گوی، در بگشای
منم من، میهمان هرشبَت، لولی وش مغموم
منم من، سنگ تیپا خورده ی رنجور

منم، دشنام پست آفرینش، نغمه ی ناجور
نه از رومم، نه از زنگم، همان بیرنگ بیرنگم
بیا بگشای در، بگشای، دلتنگم
سلامت را نمی خواهند پاسخ گفت
هوا دلگیر، درها بسته، سرها در گریبان، دستها پنهان
نفس ها ابر، دلها خسته و غمگین
درختان اسکلت های بلور آجین
زمین دل مرده، سقف آسمان کوتاه
غبارآلود مهر و ماه
زمستان است

پرسش:

- نام شعری اخوان چه بود؟

- انگیزه های اخوان ثالث در سرودن شعرهایش چه بود ؟

- شعر " زمستان " اخوان در چه زمان سروده شده است؟

- لَحن شعری اخوان چیست؟

واژگان
احمد شاملو

Political atmosphere	فضای سیاسی	The Poet	شاعر
Government agents	ماموران دولتی	Journalist	روزنامه نگار
Printing house	چاپخانه	Translator	مترجم
Arrested	دستگیر شد	Able / capable	توانا
Treatment	درمان	Unordered / Disorder	نامرتب
Pain	درد	Army officer	افسر ارتش
Neck	گردن	Desire / Interst	تمایل
Surgery	جراحی	Contemporary	معاصر
Participation	شرکت کردن	Prison / Jail	زندان
World congress	کنگره جهانی	Influence	تحت تاثیر
Gathering	گردهمایی	Cultural Affiliate	وابسته فرهنگی
MiddleEast	خاورمیانه	Embassy	سفارت
Isolation	انزوا	Press	مطبوعاتی
Without any doubt	بدون تردید	Research	پژوهشی
		Popular culture	فرهنگ عامه

احمد شاملو

در آذر مــــاه ۱۳۰۴ ش. در تهرانبـــــه دنیـــا آمد ,اوشاعر ,روزنامه نگار و متـرجم توانا یـی بـود شـاملو تحصـیلات مدرسـه ای نـامرتبی داشـت زیـرا پـدرش افسرارتش بود و پیوسـته از شـهری بـه شـهری فرسـتاده میشد و به همین دلیل خانواده اش هرگز نتوانسـتندزمانی طولانی جایی ماندگار شـوند. شـاملو تمایـل ویـژه ای بـه سیاست داشت و در این زمینه فعال بود چند بار به زندان رفت که نخستین زندان او در سال ۱۳۲۲ ش. بود.

شهرت اصلی او به خاطر نو آوری در شعر معاصر فارسی و سرودن گونه ای از شعر است که به نـام شعر "سپید" یا "شعر شاملویی" هم اکنون یکی از مهمترین قالب های شعری شاعران ایران است. این سبک شعر تقلیدی از شعر سپید فرانسوی یا "شعر منثور" شناخته می شود.او پس از آشناییبا نیما یوشیج و تحت تاثیر او، به شعر **نیمایی** روی آورد. شاملو به شـوق آمـوختن زبـان آلمـانی در سال اول هنرستان صنعتی ایران و آلمان ثبت نام کرد.

"نخستین شب شعر بزرگ ایران " ده سال پیش از انقلاب ایران. از سوی وابسته فرهنگـی سـفارت آلمان در تهران و در باغ " انستیتو گوته" برگزار شد این شب شعر برای مشاعران و به ویژه احمـد شاملو ترتیب داده شده بود و بیشتر (فضای سیاسی) داشت.

مجموعه ی کتاب "کوچه "ی او بزرگترین اثر پژوهش درباره یفرهنگ عامه مردم ایـران اسـت کـه انتشار آن نیمه تمام مانده است.

بخشی از شهرت شاملو به دلیل نگرش ویژه ی او به شعر و موسیقی کلاسیک و سیاست روز است شاعران کلاسیک ایران را به خوبی می شناخت و از میان شاعران اروپایی " فدریکوگارسیالورکا" و " اِلوار" را می ستود

در سال ۱۳۳۲ ش. پس از کودتای ۲۸ مرداد و بازگشت شاه به قدرت ٬ فضای سیاسی ایران بسته ترشد وکتاب " آهنها و احساس " او توسط پلیس درچاپخانه سوزانده شد و با ورود ماموران دولتی به خانه ی او بخش عمده ای از یادداشت ها وآثار او از بین رفت.

زندگی خانوادگی

شاملو در سن بیست و دوسالگی ازدواج می کند و از این ازدواج چهار فرزند دارد ولی پس از مدتی از همسرش جدا می شود ٬دو سال بعد در سی دوسالگی ازدواج دیگری میکند که پس از زمان کوتاهی این ازدواج هم به جدایی میرسد.

شاملو سرانجام با " آیدا" آشنا میشود وبا او تا پایان زندگی اش عاشقانه زندگی میکند . آیدا تاثیر بسیار زیادی بر زندگی شاملو میگذارد و شاملو هم بر زندگی آیدا چنانچه آیدا می گوید "شاملو زندگی دوباره ای برای من بود"

شاملو پس از این آشنایی شعر های بسیار زیبای مجموعه آیدا: " درخت و خنجر و خاطره " و " آیدا در آینه " را می سراید او می گفت : هر چه می نویسم برای آیدا است و به خاطر او ٬من با آیدا انسانی را که هرگز در زندگی خود پیدا نکرده بودم ٬پیدا کردم ٬آیدا و شاملو پس از ازدواج در مازندران زندگی کردند.

شاملو برای درمان درد شدید گردن به پاریس می رود و جراحی می شود.
دانشگاه رُم در ایتالیا و سپس انجمن قلم آمریکا و دانشگاه پرینستون از او برای شرکت درکنگره جهانی " نظامی گنجوی" دعوت می کنند و او به شهر رُم و سپس برای شرکت در گردهمایی ادبیات امروز خاور میانه و سخنرانی و شعر خوانی از او دعوت می شود و به ایالت متحده آمریکا می رود و با نویسندگان مشهور جهان آشنا می شود. در سال ۱۳۴۹ ش. یک بار دیگر به دعوت مرکز پژوهش و مسایل ایران سیرا[7] در دانشگاه برکلی به آمریکا می رود. کتاب های شاملو به بیشترین زبان های دنیا ترجمه شده است.

---

[7] Iran CIRA

سال های پایانی عمر شاملو در خلوت و در انزوا گذشت و بیشتر زمان خود را با آیدا مـی گذرانـد و سرانجام در سال ۱۳۷۹ ش. در شهر کرج نزدیک تهران برای همیشه خاموش شد.

بدون تردید او یکی از بزرگترین چهره های ادبیات معاصر ایران بوده و خواهد بود.

پیوسته یادش گرامی.

نمونه ای از شعر شاملو:

چراغی به دَستم چراغی در برابرم
من به جنگ سیاهی می روم
گهواره های خسته گی
از کشاکش رفت و آمدها
باز ایستاده اند
و خورشیدی از اعماق
کهکشان های خاکستر شده را روشن می کند
فریادهای عاصی ی آذرخش
هنگامی که تگرگ
در بطن بی قرار ابر
نطفه می بندد
و درد خاموش وار تاک -
هنگامی که غوره ی خُرد
در انتهای شاخ سار طولانی پیچ پیچ جوانه می زند
فریاد من همه گریز از درد بود
چرا که من در وحشت انگیز ترین شب ها آفتاب را به دعایی
نومیدوار طلب می کرده ام
چراغی در دست چراغی در دِلَم
زنگار روح ام را صیقل می زنم
آینه ئی برابر آینه ات می گذارم
تا از تو
ابدیتی بسازم

" احمد شاملو باغ آینه"

واژگان

فروغ فرخزاد

Wonder effect	تاثیر شگفتی	Born	متولد(زاده شده)
Equality of right	برابری حقوق	Accident	تصادف- **حادثه**
Suffering	رنج	Contemporary	معاصر
Injustice	بی عدالتی	Passed away	درگذشت (خاموش شد)
Visualization	تجسم	Poetry format	قالب شعر
Favorable environment	محیط مساعد	Filmmaker	فیلم ساز
String / rope	ریسمان	Causes	موجب
Hangs	می آویزد	Intellectual trasformation	تحول فکری
Confused look	نگاه گیج	Publication	انتشار
Passer	رهگذر	Position	جایگاه
Dull / Not feeling	بی رمق	Immortalized	جاودان کرد
Rivulet	جویبار	Biography	زندگی نامه
Was current	جاری بود	Satirist	طنز پرداز
Garden Sepidar	سپیدار های باغ	Divorced	جدا شد
Passed	گذر می کردند	Pulse / Beat	تپش
Painful	دردناک	Romantic	عاشقانه
Crows	کلاغان	Notable	سر شناس
My aging figure	شکل پیری من	Represents	نشان دهنده ی
I'm heart broken	دلم گرفته است	The house is dark	خانه سیاه است
Porch	ایوان	Sanatorium	آسایشگاه
Night stretched skin	پوست کشیده شب	Lepers	جذامیان
Relationship light	چراغ های رابطه	Filming	فیلم برداری
Will not introduce	معرفی نخواهد کرد	Impressive play	بازی چشمگیر
Sparrow	گنجشک ها	European publisher	ناشران اروپایی
Will not take me	نخواهد برد	Eager	مشتاق
Remember the flight	پَرواز را به خاطر بسپار	Her works	آثارش
The bird is dying	پرنده مُردنی ست		

فروغ فرخزاد

Foroogh Farokhzad

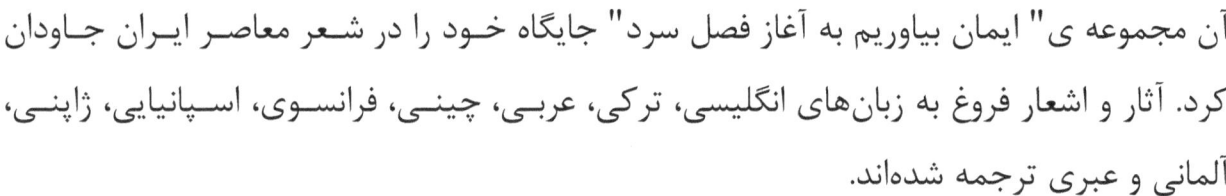

فروغ فرخزاد یا (فروغ) زاده شده (متولد ۱۳۱۳ ش ۱۹۳۴ م) ، درتهران که درتاریخ (۱۳۴۵ ش ۱۹۶۷ م) درتصادفی با اتوموبیل خودش ، برای همیشه خاموش شد.

او پنج دفتر شعر منتشر کرد که از نمونه‌های برجسته یشعر معاصر فارسی هستند.

فروغ با کتاب های: اسیر، دیوار و عصیان در قالب شعر نیمایی کار خود را آغاز کرد.آشنایی با ابراهیم گلستان، نویسنده و فیلم‌ساز سرشناس ایرانی، و همکاری با او، موجب تحول فکری و ادبی در فروغ شد. او با انتشار کتاب"تولدی دیگر" و پس از آن مجموعه ی" ایمان بیاوریم به آغاز فصل سرد" جایگاه خود را در شعر معاصر ایران جاودان کرد. آثار و اشعار فروغ به زبان‌های انگلیسی، ترکی، عربی، چینی، فرانسوی، اسپانیایی، ژاپنی، آلمانی و عبری ترجمه شده‌اند.

زندگی‌نامه

فروغ فرزند چهارم خانواده اش بود. پدر او افسر ارتش و مردی بسیار سختگیر بود و فروغ در چنین خانواده ای زندگی اش را تا پیش از ازدواج گذراند دیگر اعضای خانواده او فریدون فرخزاد و خواهر بزرگترش، پوران فرخزاد می باشندکه هر دو در ادبیات و هنر ایران نامی شناخته شده هستند.

فروغ فرخزاد در ۱۶ سالگی با پرویز شاپور طنزپرداز ایرانی ازدواج کرد. ولی خیلی زود از این زندگی جدا شد. سالها پس از مرگ فروغ کتابی به کوشش پسرش بنام «اولین تپش‌های عاشقانه قلبم» منتشر گردید که نامه های او پیش از ازدواج برای همسرش می باشد.

سفر به اروپا

پس از جدایی از زندگی مشترک، فروغ فرخزاد، به اروپا رفت وکوشید تا با فرهنگ اروپا آشنا شود. با آنکه زندگی روزانه‌اش به سختی می‌گذشت، به تئاتر و اپرا و موزه می‌رفت. وی در این دوره زبان

ایتالیایی، فرانسه و آلمانی را آموخت. سفرهای فروغ به اروپا و آشنایی‌اش با فرهنگ هنری و ادبی اروپایی، زمینه‌ای برای دگرگونی فکری در اوشد.

کارهای سینمایی

آشنایی با ابراهیم گلستان نویسنده و فیلمساز سرشناس ایرانی و همکاری با او، دلیل دیگر تغییر دیدگاه‌های اجتماعی و فکری و ادبی در اوبود. نامه های منتشر شده ی فروغ برای ابراهیم گلستان نشان دهنده ی رابطه ای با ارزش بین آن دو می باشد.

پس از این آشنایی سینما توجه فروغ را جلب کرد چهار سال بعد یعنی در سال ۱۳۴۱ فیلم" **خانه سیاه است**" را در آسایشگاه جذامیان **بابا باغی** تبریز فیلم برداری کرد. فروغ در سال ۱۳۴۲ در نمایشنامه" **شش شخصیت در جستجوی نویسنده**" به کارگردانی پری صابری بازی چشمگیری از خود نشان داد و در زمستان همان سال فیلم "**خانه سیاه است** "او برنده جایزه نخست (**جشنواره ی اوبر هاوزن**[1]) شد.

فروغ در سال ۱۳۴۳ به آلمان، ایتالیا و فرانسه سفر کرد. و ناشران اروپایی مشتاق نشر آثار او شدند مجموعه ی " **تولدی دیگر**"و پس از آن مجموعه ی" **ایمان بیاوریم به آغاز فصل**" را در این دوران منتشر کرد این دو مجموعه شعر تاثیر شگفتی را بر شعر معاصر ایران گذاشت.

آرزوی فروغ از زبان خودش:

آرزوی من آزادی زنان ایران و برابری حقوق آن‌ها با مردان است...من به رنج‌هایی که خواهرانم در این مملکت در اثر بی‌عدالتی مردان می‌برند، کاملاً آگاه هستم و نیمی از هنرم را برای تَجَسم دردها ی آن‌ها به کار می‌بَرَم. آرزوی من داشتن یک محیط مُساعد برای فعالیت‌های علمی هنری و اجتماعی زنان در ایران است

---

[1] Oberhozen Festival

کتاب های شعر فروغ

۱۳۳۱ - اسیر، شامل ۴۳ شعر

۱۳۳۵ - دیوار، شامل ۲۵ قطعه شعر

۱۳۳۶ - عصیان، شامل ۱۷ شعر

۱۳۴۱ - تولدی دیگر، شامل ۳۵ شعر

۱۳۴۲ - ایمان بیاوریم به آغاز فصل سرد، شامل ۷ شعر

شاعران و هنرمندان بلند آوازه ی هنر معاصر ایران همگی باور دارند که فروغ فرخزاد چهره ای برجسته و جاودان در ادبیات معاصر ایران باقی خواهد ماند.

بخش هایی از سروده های گوناگون فروغ

زندگی شاید
یک خیابان دراز است که هر روززنی با زنبیلی از آن می گذرد.
زندگی شاید
ریسمانیست که مردی با آن خود را از شاخه می آویزد.
زندگی شاید طفلی است که از مدرسه بر می گردد.
یا نگاه گیج رهگذری باشد.
که به یک رهگذر دیگر با لبخند بی رمقی می گوید " صبح بخیر "

از سروده های بلند " تولدی دیگر"

به آفتاب سلامی دوباره خواهم داد
به جویبار که در من جاری بود
به ابرها که فکرهای طویلم بود
به رشد دردناک سپیدارهای باغ که با من
از فصل های خشک گذر می کردند
به دسته های کلاغان
که عطر مزرعه های شبانه را
برای من هدیه می آوردند
به مادرم که در آینه زندگی می کرد
و شکل پیری من بود

از شعر " به آفتاب سلامی دوباره خواهم داد"

دلم گرفته است
دلم گرفته است
به ایوان می روم و انگشتانم را
بر پوست کشیده شب می کشم
چراغ های رابطه تاریکند
چراغ های رابطه تاریکند

کسی مرا را به آفتاب ، معرفی نخواهد کرد
کسی مرا به میهمانی گنجشک ها نخواهد برد
پرواز را به خاطر بسپار
پرنده مردنی ست

از شعر بلند " تنها صداست که می ماند"

واژگان

سهراب سپهری

کاشان(شهری در ایران)	Kashan(The city of Iran)
دوره تحصیلی ابتدایی	Elementary school
دیپلم ادبی	Literay Diploma
شرکت نفت	Oil company
مجموعه ی شعر	Poetry collection
منتشر کردن	To publish
دانشکده	College / Faculty
هنرهای زیبا	Fine Arts
فارغ التحصیل	Graduated
جستجو کننده	Searcher
تنها	Alone
فروتن	Modest
خجول - **خجالتی**	Shy
دیدگاه	Viewpoint
انسان مدارانه	Humanist
دید گسترده	Wide view
فرهنگ مشرق زمین	Oriental culture
حکاکی روی چوب	Engraving on wood
نوعی چاپ رنگی روی کاغذ	lithography
مجبور به کار شد	He had to work
نمایش گذاشتن	To exhibit
کارهای دولتی	Government job
کناره گیری	Resignation
سروده	Poetry
فلسفه ی ذهن	Philosophy of mind
استوار است	Is based
تکامل یافته(رشد یافته)	Developed
سبک	Style
می آفرید	Created
کویر	Desert
انتخاب کرده بود	Had chosen
برگردان شده است	Has translated
بازگشایی	Reopening
وجود نداشت	There was not
وداع کرد	Said goodbye
علف ها	Grasses
تنه ی درخت	Trunk
مجموعه داران	Collectors

سهراب سپهری

سهراب سپهری در ۱۵ مهرماه (۱۳۰۷ش ۱۹۰۷ م) در کاشان بدنیا آمد. او پس از گذراندن دوره ی تحصیلی ابتدایی و متوسطه دیپلم ادبی خود را گرفت.

او در دانشکده هنر های زیبا ی دانشگاه تهران درس خواند و هم زمان در شرکت نفت در تهران به کار مشغول شد

سپهری نخستین مجموعه ی شعر نیمایی خود را در بیست و سه سالگی منتشر کرد و در همان زمان از دانشکده هنر های زیبا فارغ التحصیل شد.

در بیست و دو سالگی در چند نمایشگاه نقاشی در تهران شرکت کرد و دومین مجموعه ی شعر خود به نام " زندگی خواب ها " را منتشر کرد. اودر هنرستان های هنر های زیبا به دانشجویان درس می داد.

سهراب هنرمندی جستجوگر، تنها، فروتن و خجول بود ولی دیدگاهی انسان مدارانه و بسیار گسترده داشت. او به فرهنگ مشرق زمین علاقه ی ویژه داشت و سفر هایی به هندوستان، پاکستان، افغانستان، ژاپن وچین داشت. زمان کوتاهی در ژاپن زندگی کرد و هنر " حکاکی روی چوب " را درآنجا یا گرفت. او به کشورهای اروپایی هم سفر کرد به پاریس و لندن رفت در مدرسه ی هنر های زیبای پاریس در رشته" لیتوگرافی " نام نویسی کرد برای گذران زندگی اش در فرانسه و ادامه ی کار نقاشی مجبور به کار شد و کارهای پر خطری مانند پاک کردن شیشه ی پنجره های ساختمان های بلند مرتبه را انجام می داد.

سهراب پیوسته کار های هنری خود را در نمایشگاه ها به نمایش می گذاشت و تا پایان عمر به این کار ادامه داد. "نویسنده ی این کتاب خود در دو نمایشگاه در تهران با او دیدار داشته است"

سهراب بدلیل بیماری پدرش از همه ی کارهای دولتی کناره گیری کرد و حضور جدی تر و پر کار تری در شعر و نقاشی هایش پیدا کرد و آثار با ارزش و زیبایی آفرید. مشهورترین کتابهای سهراب : تا انتها حضور – سهراب مرغ مهاجر – نیلوفر خاموش و ....

سروده های سهراب بر پایه ی آموخته هایش از فلسفه ی ذهن‌استوار است کتاب "حجم سبز" سیر تکامل یافته ی سبک اوست.

او تنهایی اش را دوست داشت و به دور از جامعه آثار هنری اش را می آفرید برای رسیدن به این تنهایی زندگی در "قریه چنار" و کویر های کاشان را انتخاب کرده بود. شعر "صدای پای آب" یکی از بلند ترین شعر های معاصر زبان فارسی است.

برخی از شعر های او به انگلیسی برگردان شده است (مترجم کریم امامی) برگردان های دیگری هم به زبان اسپانیایی ،ایتالیایی وجود دارند.

سپهری بیشتر آثار نقاشی هایش را در "گالری سیحون" و یا "گالری گلستان" در تهران به نمایش می گذاشت و هرگز در روز بازگشایی نمایشگاهش شرکت نداشت.

آثار نقاشی سپهری بیشتر بیان دریافت های طبیعت کویری است و با تمام نقاشان هم زمانش متفاوت است .

امضای او بروی نقاشی هایش به خط نستعلیق است که نماد شخصیت فروتنانه و ایرانی اش می باشد.

نمونه امضا سهراب سپهری

او سر انجام در سال ۱۳۵۹ ش برابر با (۱۹۸۱ م) در روستایی که زندگی می کرد با زندگی وداع کرد.

برخی از آثار نقاشی او به نام های:

« طبیعت بیجان ، شقایق ها، جویبار و تنه درخت، علفها و تنه درخت » نزد مجموعه داران و دوستان سپهری قرار دارد.

نمونه شعر های سهراب

(صدای پای آب)

اهل کاشانم روزگارم بد نیست

تکه نانی دارم خرده هوشی سر سوزن ذوقی

مادری دارم ، بهتر از برگ درخت

دوستانی ، بهتر از آب روان

و خدایی که در این نزدیکی است

لای این شب بوها ، پای آن کاج بلند

روی آگاهی آب ، روی قانون گیاه

اهل کاشانم

پیشه ام نقاشی است

گاه گاهی قفسی می سازم با رنگ ، می فروشم به شما

تا به آواز شقایق که در آن زندانی است

دل تنهایی تان تازه شود

چه خیالی ، چه خیالی ، ....می دانم

پرده ام بی جان است

خوب می دانم ، حوض نقاشی من بی ماهی است..................

(ندای آغاز)

کفش هایم کو

چه کسی بود صدا زد " سهراب "

آشنا بود صدا مثل هوا با تن برگ

مادرم در خواب است

و منوچهر و پروانه ، و شاید همه ی مردم شهر

شب خرداد به آرامی یک مرثیه از روی سر ثانیه ها می گذرد

و نسیمی خنک از حاشیه سبز پتو خواب مرا می روبد

بوی هجرت می آید

بالش من پُر آواز پَر چلچله هاست

صبح خواهد شد

و به این کاسه آب نور خواهد بارید

بوی هجرت می آید

باید امشب بروم   کفشهایم کو؟

واژگان

جبار باغچه بان

Work / Effect	آثار	Funder	پایه گذار
Poetic	شاعرانه	Deaf	لال
Muslims	مسلمانان	Deaf and mute	کر و لال
armenians	ارامنه	Publisher	ناشر
World war	جنگ جهانی	Kindergarten	کودکستان
Bloody conflicts	درگیری خونین	Original name	نام اصلی
Migrated	مهاجرت کرد	Stats	ایالات
Started	آغاز کرد	Residents of Tabriz	اهالی تبریز
To disagree	مُخالفت کردن	Pastry	شیرینی پزی
Fanatic	مُتعصب	Architecture	معماری
To opening	افتتاح کردن	Sculpture	مجسمه سازی
Hearing	شنوایی	Expert / skilled	ماهر
Vision	بینایی	Educated	تحصیل کرده
Deaf	ناشنوایی	Talent	استعداد
Suggestion	پیشنهاد	Creativity	آفرینندگی
The head of education	رئیس فرهنگ	Style / manner	شیوه
Musical show	نمایش آهنگین	Traditional	سنتی
Amusement	سرگرمی	Home school	مکتب(نام مدارس قدیم)
To encourage	تشویق کردن	Religious conflict	درگیری مذهبی
Experience	تجربه	Prison	زندان
To touch	لمس کردن	Weekly magazine	هفته نامه
Characteristic	ویژگی– مشخصه	Radical change	تغیراساسی
Valuable	با ارزش	Philanthropy	انسان دوستی

جبار باغچه بان

پایه گذار مدرسه ناشنوایان

جبار باغجه بان پایه گذار نخستین کودکستان و نخستین مدرسه ناشنوایان ایران در تبریز است او همچنین اولین نویسنده و ناشر کتاب کودک در ایران است.

نام اصلی او جبار عسگرزاده است که در ۱۲۶۴ ش در ایروان یکی از ایالات (امپراتوری روسیه) به دنیا آمد پدر بزرگ او از اهالی تبریز بود پدر او شیرینی پزی / معماری و مجسمه سازی می کرد و در بیان داستان های کهن و اشعار شاهنامه ماهر بود مادر بزرگش زنی تحصیل کرده و پزشک محل زندگی اش بود او شعر هم می گفت پدر و مادر نقش مهمی در پرورش استعداد های هنری و آفرینندگی جبار داشتند جبار به شیوه ی شغل پدرش روی آورد. در سال ۱۲۸۴ شمسی به دلیل درگیریهای مذهبی به زندان افتاد در زندان هفته نامه ی (**ملانهیب**) و سپس (**ملاباشی**) را با تصویر می کشید و با کمک کسی که با او در زندان بود برای فروش به خارج از زندان می فرستاد.

زمانی که در زندان بود افکار و باورهای او تغیر اساسی پیدا کرد و از آن زمان عشق و صلح و انسان دوستی معرف او در زندگی فرهنگی و اجتماعی شد برای او تعلیم و تربیت زنان و دختران بسیار مهم بود و با وجود خطرهای موجود در آن زمان پنهانی برای درس دادن به دختران به خانه های آن ها می رفت.

آثار او برای کودکان داستان های شاعرانه (**زراندود**) و (**مژده رسانی عید**) است که با نام اصلی او چاپ می شد باغچه بان در ایران با شروع جنگ جهانی اول و در گیریهای خونین میان مسلمانها و ارامنه به ترکیه مهاجرت کرد ولی پس از مدتی دوباره به قفقاز بازگشت در سال ۱۲۹۸ شمسی به دلیل درگیریهای شدید در قفقاز به ایران بازگشت. اوکار فرهنگی خود را با آموزگاری درکلاس اول مدرسه آغاز کرد و خیلی زود مورد توجه شاگردانش قرار گرفت او توانست در این زمان در ایران

اجازه ی داشتنِ یک دبستان دخترانه را بگیرد ولی به دلیل مخالفت گروهی سخت گیر (متعصبان) نتوانست آن را افتتاح کند.

او با روش تازه خود نوشتن کتاب اول را برای کودکان آغاز کرد و برای آموزش کتاب از وسائل شنوایی و بینایی که خود آن ها را می

ساخت استفاده می کرد دختران را در در کلاس های مخصوص آموزش می داد و بزرگسالان تُرک را با کتابی که خود نوشته بود با زبان پارسی آشنا می کرد.

باغچه بان در سال ۱۳۰۵ شمسی با توجه به حالت یک کودک ناشنوا در این کودکستان به فکر آموزش ناشنوایان افتاد و کار درس دادن به کودکان کر و لال را با سه پسر ناشنوا آغاز کرد و با استفاده از تجربه ی شخصی اش متوجه حس بینایی و لمس کردن در آموزش زبان به ناشنوایان شد او توانست (الفبای دستی گویا) را که در نوع خود در جهان بی مانند بود بر اساس ویژگی صدا ها و شکل حرف ها به وجود آورد او با وجودداشتن خدمات با ارزش فرهنگی مجبور به ترک تبریز شد و در سال (۱۳۰۶ ش) به دعوت رئیس فرهنگ فارس به شیراز رفت در همان سال کودکستان شیراز را تاسیس کرد و شعر و نمایشنامه های گوناگون نوشت از میان آن نوشته ها مجموعه شعر (زندگی کودکان) و نمایشنامه ی (گرگ . چوپان) را در سال ۱۳۰۸ چاپ کرد و بازی های گوناگونی برای پرورش حافظه کودکان به وجود آورد.

دبستانی را که او بوجود آورده بود ثبت رسمی کرد و در همان سال هم باغچه بان (تلفن گنگ) یا (سمعک استخوانی) را اختراع کرد و به ثبت رساند.

او در سال ۱۳۲۲ با کمک گروهی از انسانهای نیکوکار جمعیت حمایت کودکان کر و لال را در تهران تاسیس کرد و به این ترتیب اولین گام در تربیت رسمی معلمان کودکان استثنایی برداشته شد آثار آموزشی بسیاری از این مرد بزرگ به جا مانده است که ۹ داستان کودکانه ی آن به چاپ

رسیده است این آثار به زبان تُرکی حدود دوازده کتاب است که از میان آن ترجمه رباعیات خیام به نام رباعیات آذری خیام ارزش ویژه ای دارد.

سر انجام جبار عسگرزاده (باغچه بان) پس از یک عمر کوشش در ۸۱ سالگی برای همیشه خاموش شد. با مرگ او کودکان استثنایی دل سوز ترین پدر خود را از دست دادند.

*****

پرسش:

- جبار باغچه بان چه کمکی به آموزش و پرورش ایران کرد؟

واژگان
حسین بهزاد

Portraitist	پیکر نگار	Penholder	قلمدان
To study / learning	فراگیری	Watercolor painter	نقاش آبرنگ
Miniature	مینیاتور	Skilled	ماهر
Talent	استعداد	Workshop	کارگاه
Ordered	سفارش شده	Passed away	از دنیا رفت
To copy	کُپی کردن	Childhood	کودکی
Gallery – exhibition	نمایشگاه	Youth adolescency	نو جوانی
To expose	به نمایش گذاشتن	Hard times	دوران سخت
Innovation	نو آوری	To pass	گذراندن (سپری کردن)
School of art	هنرستان	Economic Poverty	فقر اقتصادی
valuable	با ارزش	Economically	اقتصادی
Famous	مشهور	Much pressures	فشار های بی اندازه
Remembrance	به یادگار مانده است	Stepfather	نا پدری

حسین بهزاد

حسین بهزاد فرزند فضل اله اصفهانی در سال ۱۲۷۳ ش برابر ۱۸۹۵ میلادی به دنیا آمد.

پدرش قلمدان ساز و نقاش آبرنگ بسیار ماهری بود حسین از سن هفت سالگی در کارگاه پدرش کار می کرد و با این هنر آشنا می شد. پس از چند سال پدرش از دنیا رفت و حسین دوران کودکی و نو جوانی بسیار سختی را سپری کرد.

فقر اقتصادی همراه با فشارهای بیش از اندازه ی نا پدری اش زندگی را برای او با نگرانی و رنج همراه کرده بود حسین پس از پدرش برای کار و تجربه ی بیشتر پیش میرزا حسین پیکر نگار رفت و پس از مدت زمانی با آشنایی بیشتر با چگونگی کار استادش توانست در یاد گرفتن هنر مینیاتور استعداد زیادی پیدا کند و خیلی زود در این کار مشهور شد او می توانست به جای استادش بیشتر کارهای سفارش داده شده را انجام دهد و آماده کند.

حسین بهزاد به ویژه در کپی کردن از آثار مینیاتوری قدیم اروپائیان که خریداران بسیار داشت مهارت بدست آورد و از سن ۱۸ سالگی کارگاه مینیاتوری خود را بوجود آورد و کارهای مینیاتور **کمال الدین بهزاد** و **رضا عباسی** که هر دو مینیاتوریست های شناخته شده بودند را کپی می کرد.

حسین بهزاد بار ها به اروپا سفر کرد و کارهای خود را در چندین نمایشگاه هنری ایران و اروپا و همچنین آمریکا به نمایش گذاشت.

استاد حسین بهزاد با به کاربردن چهره در نقاشی های مینیاتورش دست به نو آوری بزرگی در این هنر زیبا کرد.

او استاد مینیاتور هنرستان هنرهای زیبای تهران بود و نقاشی های بسیار با ارزشی از او به یادگـار مانده است که برخی از آن ها در کاخ گلستان موجود است.

مانند

<u>ایوان مدائن - فردوسی و قهرمانان شاهنامه - حافظ شیراز - پندخیام از کارهای بسیار مشهور او می باشد</u> استاد حسین بهزاد در سن ۷۴ سالگی (سال ۱۳۴۷ شمسی برابر ۱۹۶۸ میلادی) از دنیـا رفت.

یکی از آثار مینیاتور حسین بهزاد

بازنویسی:

واژگان
عباس کیا رستمی

Honey	عسل	director	کارگردان
Nonsignificant	کم اهمیت	Screenwriter	فیلم نامه نویس
Banal	پیش پا افتاده - معمولی	Global reputation	شهرت جهانی
As the first role	به عنوان نقش اول	Poetry collection	مجموعه ی شعر
The hero of story	قهرمان داستان	With the wind	همراه باد
Documentary style	سبک مستند گونه	Rhyme	وزن و قافیه
Utilization	بهره گیری	Wolf in ambush	گرگی در کمین
Rural space	فضای روستایی	unlike	برخلاف
Movie features	ویژگی های فیلم	Image	تصاویر
Around	دور و بر	Patient	صبر
Several	چندین	Bee	زنبور
Translated	ترجمه شده است	Details	جزئیات

عَباس کیا رُستَمی

عباس کیا رُستمی ، فیلم نامه نویس و کارگردان در سال ۱۳۱۹ ش برابر (۱۹۴۰ م) در تهران متولد شد. او در سال(۱۹۷۰ م) در سینما شروع به فعالیت کرد ، بازی کودکان به عنوان نقش اول و قهرمان داستان ، سبک مستند گونه ، بهره گیری از فضا های روستایی ، از ویژگی های فیلم کیا رستمی است.

او در جشنواره ی بین المللی "کن" (۱۹۹۹ م) برای فیلم (طعم گیلاس) برنده جایزه ی " نخل طلایی " شده است فیلم های کیارُستمی شهرت جهانی دارند.

او همچنین شاعری توانا بود. دو مجموعه ی شعر همراه باد " و " گرگی در کمین " از او به یادگار مانده است.

شعرهای کیا رُستمی بر خلاف شعر کلاسیک فارسی، قافیه ندارد. زبان آن ها ساده و روان است. او در شعرهایش تصاویر بسیاری می سازد. او با شکیبایی، به باز شدن گل ها ، پرواز پرنده ها و عسل سازی زنبورها نگاه می کند. در شعرهای او به جزئیات کم اهمیت و پیش پا افتاده در طبیعت توجه می شود. با انگشت گذاشتن بَر طَبیعت، کیا رستمی از ما می خواهد تا با شکیبایی بیشتری به دور و بر خود نگاه کنیم. شعرهای کوتاه کیارستمی به چندین زبان ترجمه شده است.

نام عباس کیارستمی در تاریخ فیلم سازی(مستند سازی) و سینما وادبیات معاصر ایران فراموش نشدنی خواهد ماند.

دیگر جایزه های بین المللی فیلم های کیارستمی:

جایزه **روبرتو روسلینی** ۱۹۹۰ م جایزه **پائولو پازولینی** ۱۹۹۵ م مدال طلای **فدریکو فلینی** یونسکو ۱۹۹۵ م	Roberto Rossellini Paolo Pasolini Fderico Fellini	دریافت نشان **لژیون دونور** هنر و ادب فرانسه جایزه یادبود **ویتوریو دسیکا** ۱۹۹۷ م نشان افتخار دولت ژاپن ۲۰۱۳ م	Legion Honour Vittorio De scica Japanese badge of honor (Shining Sun)

بازنویسی:

بخش چهارم

رسم‌ها و مثل‌ها - حکایت‌ها

و

خواندنی‌های کوتاه

بناهای تاریخی و سنتی ایران

Historical and traditional monuments of Iran

واژگان

سفر بخیر

به کجا چنین شتابان	Where are you going so fast	به جُز	Except
گَون (خار)	Thorns	سَرا (خانه)	Home
نَسیم	Breeze	سَفرت بخیر	Have a nice trip
دِل گرفتن- دلتنگی	Sadness	چو = اگر	If so
هَوَس سفر نداری؟	No craving for travel	کویر وَحشت	Desert panic
غُبار	Dust	سَلامَتی	Peace , health
بیابان	Desert	گُذشتی	Passed
آرِزو	Wish , desire	شُکو.فه	Blossom- blooms
چه کنم ؟	What should I do	سلام رساندن	Say hello
بسته پایم(نمی توانم)	I can not		

سفر بخیر

به کجا چنین شتابان
گَوَن از نسیم پرسید.
دل من گرفته ز ینجا (از این جا)
هوس سفر نداری؟ ز غبار این بیابان؟
همه آرزویم، اما
چه کنم که بسته پایم......

به کجا چنین شتابان؟
به هر آن کجا که باشد به جز این سرا، سرایم
سفرت به خیر ، اما ، تو و دوستی خدا را
چو از این کویر وحشت به سلامتی گذشتی
به شکوفه ها ، به باران
برسان سلام ما را

مجموعه اشعار" شفیعی کَد کَنی انتشارات توس ۱۳۵۷ "

واژگان
در راه مکه (زیارت)

So vigilant	هُشیار	Mecca	مَکه
Eternity	اَبدیت	On the way	در راه
Poem that I remembered	از بر داشتن	Medina	مَدینه
Whispered	زمزمِه	We are were on the way	راه افتادیم
Closely /more accurate	دَقیق تر	Bus ceiling	سَقف
I looked at myself	در خود نِگریستم	Had taken it	بر داشته بودند
Dawn	سپیده	Pilgrim's clothing/ihram	اِحرام
To rise	طلوع کردن- دَمیدن	We wear ihram	احرام پوشیده بودیم
Thorn	خَس	Mosque ceremony	مَراسم مسجد
The promised time	میقات	So much	چِنان -بیاندازه

در راه مکه

چهار و نیم صبح مَکه بودیم ، دیشب هشت و نیم از مَدینه راه افتادیم، ماشین یک اتوبوس بود که سقفش را برداشته بودند، لباس احرام را از مدینه پوشیده بـودیـم، مـراسـم مـسـجـد و بعـد سـوار شدن و آمدن و آمدن، سقف آسمان بر سر و ستاره ها چه پائین، و آسمان چه نزدیک ، و من هـیـچ شبی چنان بیدار نبوده ام و چنان هشیار به هیچی زیر سقف آن آسمان ، آن ابدیت، هر چـه شـعـر که از بر داشتم خواندم –به زمزمه ای برای خویش– و هرچه دقیقترکه توانستم در خود نگریستم تا سپیده دمید.

(از کتاب خَسی در میقات نوشته جلال آل اَحمد)

واژگان

کُرده به کوه (رسم قدیم)

Kind of sweet	نُقل	Region	مَنطقه
Candy	نبات	Narrvative	روایَت کردن
Welcome	اِستقبال	It was custom	رَسم بود
Warm reception	پَذیراییگرم	Powerful	نیرومند
Full of bless	پُر بَرکت	To choose	اِنتخاب کردن
Soup	آش	Inhabitants	اَهالی(مردم)
The Health	سَلامَتی	Location / place	مَحَل
His back foot - instep	پُشت پا	Clothing - dress	پوشاک
A passenger greeting	پیشواز مسافر	Gun	تُفنگ
They believed	مُعتقد بودند	Groceries - grocery	آذوقه– خواروبار
Neighborhood	مَحَله	To equip with	مُجَهز کردن با
Howling	زوزه کِشیدن	Late afternoon	بعداظهر –عَصر
Turn back	پشت و رو گذاشتن	Ceremony	مَراسم
Olders of the village	بزرگان آبادی	To return	برگشتن
Will die	می میرد	By pouring nuts	با ریختن آجیل

رسم قدیم

(کُردِه به کوه)

مردم منطقه ای دراستان مرکزیروایت می کنند که تا یکصد و پنجاه سال پیش رَسم بوده همه ساله در ایام " **کُرده به کوه** " در پایان زمستان یک نفر را که بسیار نیرومند بوده انتخاب می کرده اند ، اهالی محل بهِ او غذا و پوشاک می داده اند و او را با تفنگ و لباس گرم و آذوقه ده روزه مجهز می کرده اند و به نام "**عمو کرد علی**" به کوه "**آلوند**"[5] می فرستادند. او این ده روز را به کوه می رفته و برمی گشته است. و عصر روز دهم مراسمی را به خاطر برگشتنش در جلو او انجام می داده اند و با ریختن آجیل و نقل و نبات بر سر او و با پذَیرایی گرم از او استقبال می کردند.

اگر آن سال، سال پر برکت و خوبی می شد که سال دیگر هم او را می فرستادند و اگر سال کم باران و بدی می شد شخص دیگری را برای این کار انتخاب می کردند.

مردم باید سه آش هم برای سلامتی "عمو کرد علی" می پختند یکی روز اول که کُرده به کوه رفته به عُنوان آش "پُشت پا" ، یک بار هم در روز پنجُم به عنوان "آش سلامتی" و یک آش هم روز دهم به اسم آش پیشواز ، همچنین معتقدند که اگر آش نپزند و سگ های محله هم در ایام " کُرده به کوه " زوزه بکشند و صدا کنند و مردم هم کفشهای خود را پشت و رو نگذارند یکی از بزرگان آبادی می میرد. پس باید آش بپزند و سگ ها صدا کنند و مردم کفش های خود را وارونه کنند و پشت و رو بگذارند.

برگرفته از کتاب (جشن ها و آداب و معتقدات زمستان)

تالیف ابوالقاسم انجوی شیرازی" انتشارات امیرکبیر۱۳۵۲ ")

[5] کوهی است درهمدان منطقه شمال غرب ایران

قم

قُم (شهر مذهبی)	Qom (religeuse city in Iran)	تُهی از خنده	No laughter
چندین	Several	خَموش = خاموش(بی صدا)	Silent
لَچَک (گویش محلی)	Scarf	حوض	Pool / pond
عَبا(اسم خاص نوعی لباس)	Abba	کلاغ	Crow
دوش (شانه)	Shoulder	اَنبوه	Mass
گنبد	The Dome	سائل (گدا)	Beggar
طَلا	Gold	قَدم	Step
لَک لَک	Stork	عَمامه	Turban
بی صَفا	Unpleasant	رُخسار	Face / figure
تَک	Lone, single	سیاه	black

قم

چندین هزار زن
چندین هزار مرد
زنها لَچک به سر
مردان عَبا به دوش
یک گُنبد طلا
با لک لکان پیر
یک باغ بی صفا
با چند تک درخت
از خنده ها تهی

در گفته ها خموش
یک حوض نیمه پر
با آب سبز رنگ
چندین کلاغ پیر
بر توده های سنگ
انبوه سائلان
در هر قدم براه
عَمامه ها بسر
رخسارها سیاه

از کتاب: "چشمها و دستها نادر نادر پور اسفند ۱۳۳۱ش"

واژگان (ضرب المثل)
با دُم کنده رفتیم اما شما هم ....

Enemy	دشمن	Tail	دُم
Forever	همیشگی	Build up	آباد کردن
Immediately – instantly	بلافاصله	Sly	حیله گر
Attacked	حمله کرد	Village	روستا
Followed	دنبال کرد	Inhabitants	اهالی
He was involved with him	با او درگیر شد	rooster	خروس
Inevitably	ناگزیر	Fox	روباه
mouth	دهان	Make a decision	تصمیم گرفتن
Survived	نجات پیدا کرد	Desolate / abandoned	متروک
To escape	فرار کردن	To bother	مزاحم شدن
Tricky	فریب کار	Comfortably	آسودگی
Angry	عصبانی	To hunt	شکار کردن
Cut tail	دُم کنده	Let's talk	گفتگو کنیم
You are not build up the village	شما هم دِه آباد کُن نیستید		

ضرب المثل (Proverbe)
با دُم کنده رفتیم اما شما هم دِه آباد کن نیستید.

یکی بود یکی نبود روستایی بود که دیگر کسی در آن زندگی نمی کرد همه اهالی آن به روستا های دیگر رفته بودند یک روز ، سگ و خروسی که با هم دوست بودند تصمیم گرفتند به روستایی که دیگر کسی در آنجا نباشد بروند و آن دِه را آباد کنند و قرارشد خروس ازصبح تا غروب بخواند و سگ هم شب تا صبح صدا کند آنها میخواستند به اهالی دِه بفهمانند که به روستای خودشان برگردند.

روستای خالی (متروک) جای خوبی برای زندگی روباه شده بود کسی نبود که مزاحمش شود با آسودگی در آن روستا رفت و زندگی میکرد شب که می شد به روستاهای دیگر می رفت تا مرغی ،خروسی یا پرنده ای شکار کند و در این روستا بخورد. روباه خوشحال بود که تنها خودش در این دِه زندگی می کند.

یک روز که مثل همیشه در خواب بود ناگهان صدای خروسی شنید و از خواب پرید و آرام آرام به سمت صدای خروس رفت ، و به خروس نزدیک شد و گفت دوست من تو اینجا چه می کنی؟ در این دِه که هیچ کس در آن نیست ! خروس پاسخ داد: آمده ام تا این دِه را دوباره آباد کنم ، روباه گفت چه فکرخوبی منهم کمکت میکنم بهتراست از بالای دیوار پایین بیایی تا دراین باره باهم گفت وگوکنیم . خروس خوشحال شد و فراموش کرد که روباه دشمنی همیشگی او است از بالای دیوار پایین آمد و روباه بلافاصله به او حمله کرد و خروس را به دهانش گرفت ،خروس سرو صداکرد و از صدای او سگ از خواب بیدارشد و خروس و روباه را دنبال کرد سگ دوید تا به روباه رسید و با او درگیر شد ، سگ دُم روباه را گرفته بود و رها نمیکرد روباه ناگزیرشد دهانش را باز کند و ازخوردن خروس بگذرد وخروس نجات پیدا کرد روباه هم تکانی به خود داد وازسگ جدا شد ولی دُم روباه در دهان سگ ماند روباه فرار کرد و به دُم کنده اش نگاه کرد. سگ با صدای بلند گفت این دِه جایحیوانات فریبکار مثل تو نیست ما می خواهیم دوباره دِه را آباد کنیم. روباه که خیلی عصبانی بود گفت:" **ما با دُم کنده از این دِه رفتیم اما شما هم دِه آباد کن نیستید**".

واژگان

حکایت دوستی موش و قورباغه.

دوستی	Friendship	کلاغ	Crow
موش	Mouse	خیلی تند (یک چشم بهم زدن)	Very fast
قورباغه	Frog	آویزان بود	It was hung
حیف	It's a pity	منظره	View
اصرار	Insist	عجیب	Amazing
قبول کردن	Accept	با تعجب	Surprised
نخ	Yarn	عجب کلاغ حیله گری	Such a cunning crow
بستن	To tie	شکار کرده	Hunted
دعوت کردن	Invite	بی خردان - نادانان	Ignorant / the fools
ناگهان	Suddenly	پاداش	Reward

حکایت دوستی موش و قورباغه.

موشی و قورباغه ای در کنار جوی آبی با هم زندگی می کردند. روزی موش به قورباغه گفت ای دوست عزیز دلم می خواهد که بیشتر از این با تو دوست باشم و بیشتر با هم صحبت کنیم ،ولی حیف که تو بیشتر زندگی ات را توی آب میگذرانی ومن نمی توانم با تو به داخل آب بیایم ،

قورباغه وقتی اصرار دوست خود را دید قبول کرد که نخی پیدا کند و یکسر نخ را به پای موش ببندند و سردیگر را به پای قورباغه تا وقتی که بخواهند همدیگر را ببینند نخ را بکشند و همدیگر را باخبر کنند. روزی موش به کنار جوی آب آمد تا نخ را بکشد و قورباغه را برای دیدار دعوت کند ناگهان کلاغی از بالا به یک چشم به هم زدن او را از زمین بلند کرد و بر آسمان برد.

قورباغه هم با نخی که به پایش بسته بود از آب بیرون کشیده شد و میان زمین و آسمان آویزان بود وقتی مردم این منظره عجیب را دیدند با تعجب می پرسیدند عجب کلاغ حیله گری! چگونه در آب رفته و قورباغه را شکار کرده و با نخ پای موش را به پای قورباغه بسته؟

قورباغه که در هوا آویزان بود فریاد زد : **این است پاداش دوستی با بی خردان**

واژگان

داستانی از کِلیله و دَمنه

هندی	Indian (Hindi)	بوته های آتش	Bushes of fire
پادشاهی ساسانیان	Sasanian kingdom	نجات داد	Saved
فارسی میانه	Middle Persian	خورجین	Shepherds bag
شغال	Jackal	نیش زدن	To sting
گرفته شده است	Has taken	پاداش خوبی کردن	Good job reward
پند آموز؟	Advise / advisable	روباه	Fox
ابتدا	First	چاره ی کار	The solution
برگردان شده است	Translated	رویداد - حادثه	Event
دوره غزنوی	Ghaznavian period	قضاوت کنیم	To judge
چوپان	Shepherd	نیکی – خوبی	Goodness
مار	Snake	از بین نرود – فراموش نشود	Do not forget
		ارزش خوب بودن	The value of being good

داستانی از کِلیله و دَمنه[۴]

چوپانی ماری را از میان بوته های آتش گرفته نجات داد و در خورجین خود گذاشت و به راه افتاد چند قدمی که گذشت مار از خورجین بیرون آمد و گفت به گردنت بزنم یا به لبت ؟ چوپان گفت: آیا سزای خوبی این است؟ مار گفت: سزای خوبی بدی است و قرار شد تا ازکسی بپرسند . به روباهی رسیدند و چاره کار از او پرسیدند. روباه گفت : من تا آن رویداد را نبینم نمی توانم قضاوت کنم . برگشتند و مار را درون بوته های آتش انداختند ، مار کمک می خواست تا از آتش رهایی یابد، روباه گفت: بمان تا رسم نیکی از بین نرود. نباید مثل چوپان خوب بود و نه مانند مار بَد بَد......**باید مثل روباه بود و دانست چه کسی ارزش خوبی دارد؟**

---

[۴] کلیه و دمنه کتابی است هندی و به زبان سانسکریت نوشته شده است و در دوران پادشاهی ساسانیان به فارسی میانه ترجمه شده است ، در این کتاب داستان های گوناگون (بیشتر از زبان حیوانات) نوشته شده است. نام کتاب از **دو " شغال "** با نام های "**کلیله**" و "**دمنه**" گرفته شده است و کتاب پند آموزی است.. این کتاب ابتدا از زبان هندی به عربی و سپس از عربی به زبان فارسی در قرن ششم هجری برگردان شده است . این ترجمه به وسیله نصراله منشی از نویسندگان دوره غزنوی انجام شده است.

واژگان
دوستی خاله خرسه

Sleeping	خوابیدن	Friendship	دوستی
Hopeless	بیچاره	Aunt	خاله
Come in	فرود آمدن	Bear	خِرس
To kill	کشتن	Shadow	سایه
Proverb	مَثَل	Tree	دِرَخت
Pointer to, Allusion	اِشاره	Fly	مَگس
Story, tale	حِکایَت	To getaway	دور کردن
Enemy	دشمن	Suddenly	ناگهان
Ignorant	نادان	Stubborn	لَجوج
Wise	دانا	Was coming back	بر می گشت
		To beat, strike	روی مگس کوبیدن

دوستی خاله خرسه
Bear friendship

مردی خرسی داشت. مرد و خرس مثل دو دوست با هم مهربان بودند. روزی از روزهای گرم تابستان مرد که خسته شده و از کار برگشته بود در سایه درختی خوابید خرس کنارش نشست تا مگسها را از او دور کند. ناگهان مگس لجوجی پیدا شد. خرس هر چه مگس را دور می کرد دوباره برمی گشت و بر صورت مرد می نشست خرس سنگ بزرگی را که آورده بود برداشت و بر روی مگس کوبید. سنگ با شدت بر سر مرد خوابیده فرود آمد و او را کشت.

مَثَل فارسی (دوستی خاله خرسه) اشاره به این حکایت است:

دشمن دانا بلندت می کند

بر زمینت می زند نادان دوست   و یا   دشمن دانا به از نادان دوست

بازنویسی:

واژگان
نابودی درخت نخل

Injury /hurt	صدمه - آسیب	Destruction	نابودی
Dry	خشک	Culture	فرهنگ
Brain	مغز	Palm tree (date)	درخت نخل
It suffocates	خفه می شود	Amazing	عجیب
Death	مرگ	Plant	گیاه - نهال
Sure	حَتمی	Person	نفر - شخص
I learn	آموختم	To count it	شمارش آن
Thousand	هزاران	Branch and leaf	شاخه و برگ
History soil	خاک تاریخ	Root	ریشه
Healthful	سالم	Mature – Adult	بالغ
Symbol	نِماد	Fruit	ثمر - میوه
Society	جامعه	Palm tooth	دندان نخل (تَوَ خَتَک)
Damaged	آسیب دیده	Displacement	جا به جا کردن

نابودی درخت نخل(خرما)

(نابودی فرهنگ)

Destroy of culture

درخت نخل درخت عجیبی است، وقتی نخلی را می خواهند قطع کنند میگویند: بِکُشَش ،مردم جنوب ایران بیشتر در این باره میدانند مانند این که این درخت، گیاه نیست چیزی شبیه به انسان است و بی جهت نیست که واحد شمارش آن مانند انسان،" نفر" است

درختان دیگر اگر سرشان را قطع کنند شاخه و برگ بیشتری می‌دهند، ولی درخت نخل این‌گونه نیست. نخل تنها درختی است که اگر سرش را قطع کنیم میمیرد، مهم نیست ریشه‌اش در خاک سالم باشد، نخلِ بی سر می میرد .

درخت نخل در ۱۶ سالگی بالغ می‌شود و میوه می‌دهد و در پیری، دندان نخل که" تَوَخْتَکْ" نامیده می‌شود، می‌ریزد. اگر هنگام جابه‌جا کردن سر نخل آسیب ببیند درخت خشک می‌شود، چون در سر نخل ماده‌ای وجود دارد که همانند مغز فعالیت و زندگی نخل را کنترل می‌کند. همچنین درخت نخل در آب خفه می‌شود و مرگ درخت نخل حتمی است.

این را اولین بار از دکتر کریم مجتهدی استاد فلسفه دانشگاه تهران آموختم پیر مرد همیشه می گفت فرهنگ مثل درخت نخل است مهم نیست ریشه ات هزاران سال در خاک تاریخ است مهم این است که سرت هم سالم باشد! یعنی نِماد فرهنگی امروز جامعه ات هم سالم باشد

اگر فرهنگ امروز جامعه ای آسیب دید ، آن فرهنگ می میرد، اگر هزاران سال ریشه هم داشته باشد.

برگرفته از نشریهٔ فرهنگ، علم، خردورزی

بازنویسی:

بخش پنجم

برگزیده سخنان بزرگان

ادب معاصر ایران و جهان

هر که عیب دگران
پیش تو آورد و شمرد
بی گمان عیب تو
پیش دگران خواهد برد
سعدی

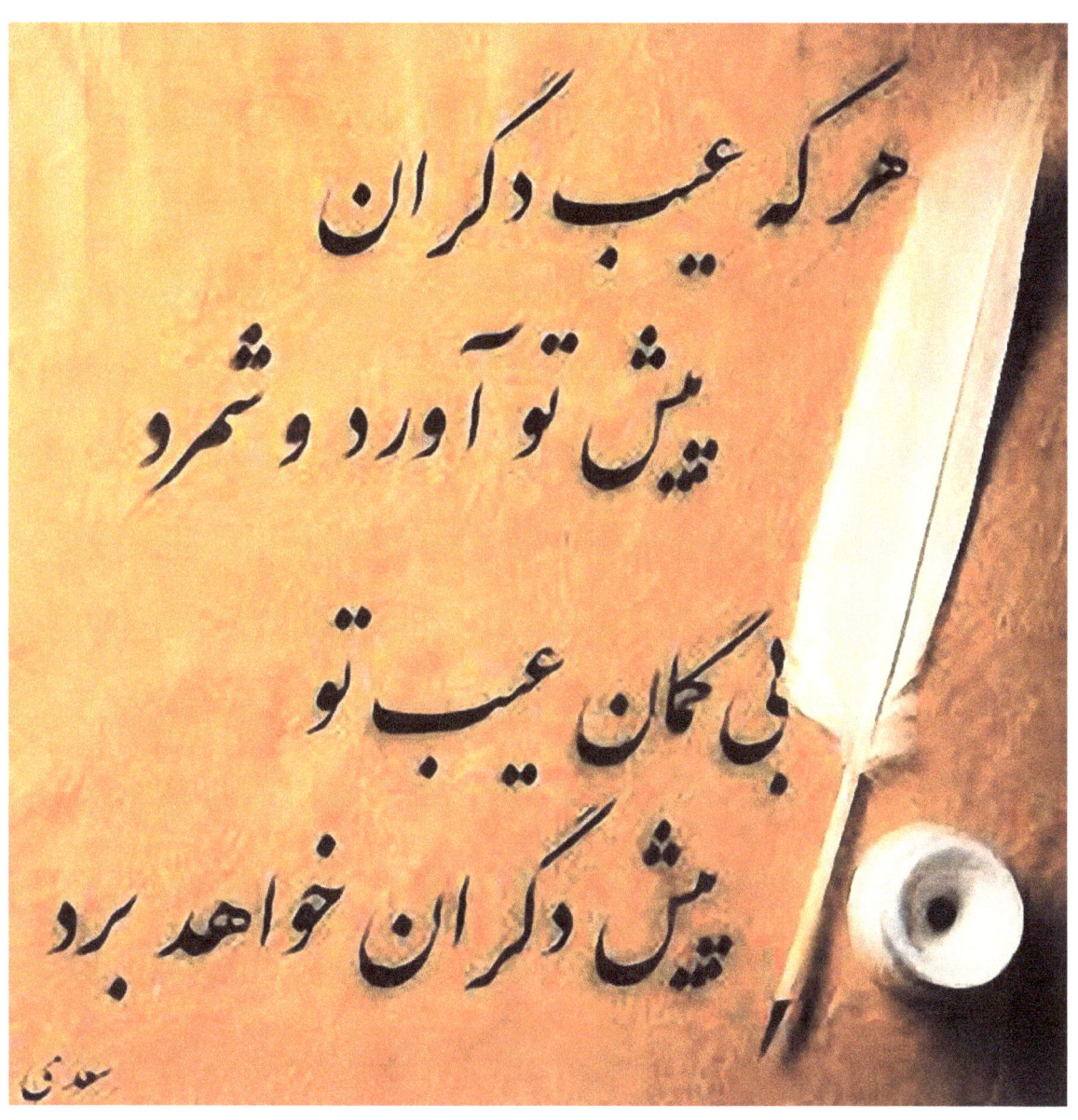

رشد نیلو فر در مرداب

یاد آوری می کند که :

می توان در بدترین شرایط بهترین بود .... (بودا)

نه در دشت بمان و نه چندان بالا برو که از دید خارج شوی بهترین منظره دنیا در ارتفاعی میان این دو است **(نیچه Nitzsche – philosopher)**

برای تفریح همیشه وقت هست، اما برای اندیشیدن ممکن است دیر شود.

(محمود دولت آبادی Mahmod Dolat abadi - Novelist)

آن که زیباست عزیز نیست، آن که عزیز است زیباترین است.

(تاگور فیلسوف هندی Tagore Indian - philosopher)

مشکل بیشتر مردم این است که با امیدها یا ترس ها یا آرزوهایشان فکر می کنند نه با ذهن خود. **(ویل دورانت Will Durant writer historian)**

به سکوت گوش بده بسیار حرف برای گفتن دارد

(مولانا جلال الدین رومی Rumi - Iranian poet)

اگر احساس می کنی گناه کسی آن قدر بزرگ است که نمی توانی آن را ببخشی این حقیقت را بپذیر که این اندیشه از کوچکی روح توست نه بزرگی آن گناه.

(آندره ژید فرانسوی Andre Gide - French author)

از گناه دوری کن نه از گناهکار.

اگر روزی دشمن پیدا کردی ،

بدان که در رسیدن به هدف موفق بوده ای.

اگر روزی تَرکَت کردند ،بدان با تو بودن لیاقت می خواهد.

مهاتما گاندی

Mahatma Gandhi

در نهایت آنچه در خاطر ما خواهد ماند
حرف های دشمنانمان نیست
بلکه سکوت دوستانمان خواهد بود

Martin Luther King jr
مارتین لوتر کینگ
وکیل سر شناس آمریکایی

اگر کسی یکبار تو را فریب داد این اشتباه او است.

اگر دوبار فریب داد این اشتباه تو است.

(کیاتسو ، ۱۴ مین دالای لاما)
DALAI LAMA

جامعه ای که زنانش را محدود کند هزار سال هم که بگذرد پیشرفت نخواهد کرد.

وینستون چرچیل   Winston Churchill

ناراحت شدن از یک حقیقت، بهتر از تسکین یافتن با یک دروغ است.

(از فیلم پدر خوانده   from the Godfather movie)

از بودا پرسیدند، خشم چیست؟ پاسخ زیبایی داد:

خشم مجازاتی است که ما به خودمان می دهیم به خاطر اشتباه یک نفر دیگر

(کنترل خشم به همین سادگی است)(بودا   Buddha)

زندگی کردن، نایاب ترین چیز در دنیاست، بیشتر مردم فقط وجود دارند .... همین.   (اسکاروایلد Oscar wild)

جاودانگی در انسانیت است. (احمد شاملو شاعر معاصر ایران)

این جا هوا بارانی است و کسی مثل تو کنار من نیست.

(نیکی فیروز کوهی (شاعر معاصر ایرانNikyFirozkohi)

جای مردان سیاست بنشانید درخت تا هوا تازه شود

(سهراب سپهری   SohrabSeprhri)

کوشش کنید جنبه های مثبت وجود خود را بشناسید، آن ها را کامل کنید و شخصیتی متفاوت از خود بسازید که هیچکس جایگزین آن نباشد.

(آندره ژید نویسنده فرانسوی Andre Gide)

هر که او بیدارتر ، پر دردتر

هر که او آگاه تر ، رخ زرد تر

(مولا جلال الدین رومی   Rumi)

عشق یا ثروت ؟   عشق بزرگترین دارایی است

عشقی که می بخشیم و می ستانیم

و من نمی توانم از این ثروت چشم پوشی کنم

(کاترین پانکول روزنامه نگار و رمان نویس مشهور فرانسوی)

KatrinPankol -france journalist and novelist

من از برهنگان تن فروش بیزار نیستم

من از پوشندگان شرف فروش بیزارم

صادق هدایت

SADEGH HEDAYAT

زندگی کمدی است برای کسی که فکرمی کند

و

تراژدی است برای کسی که احساس می کند.

(Shakespeare شکسپیر)

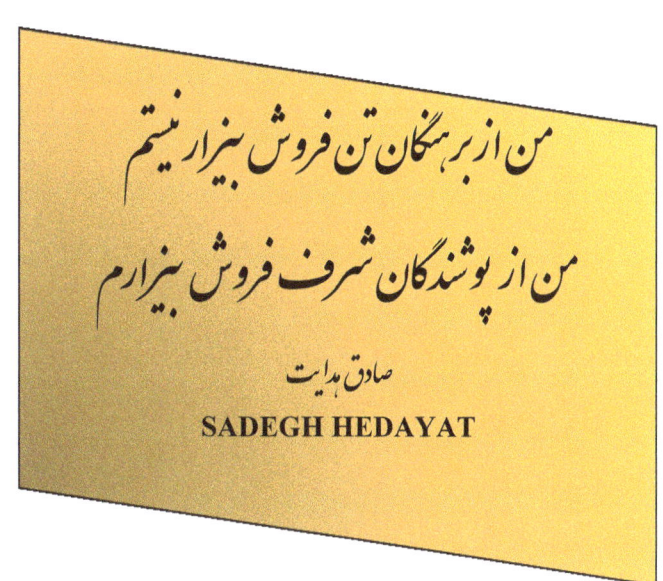

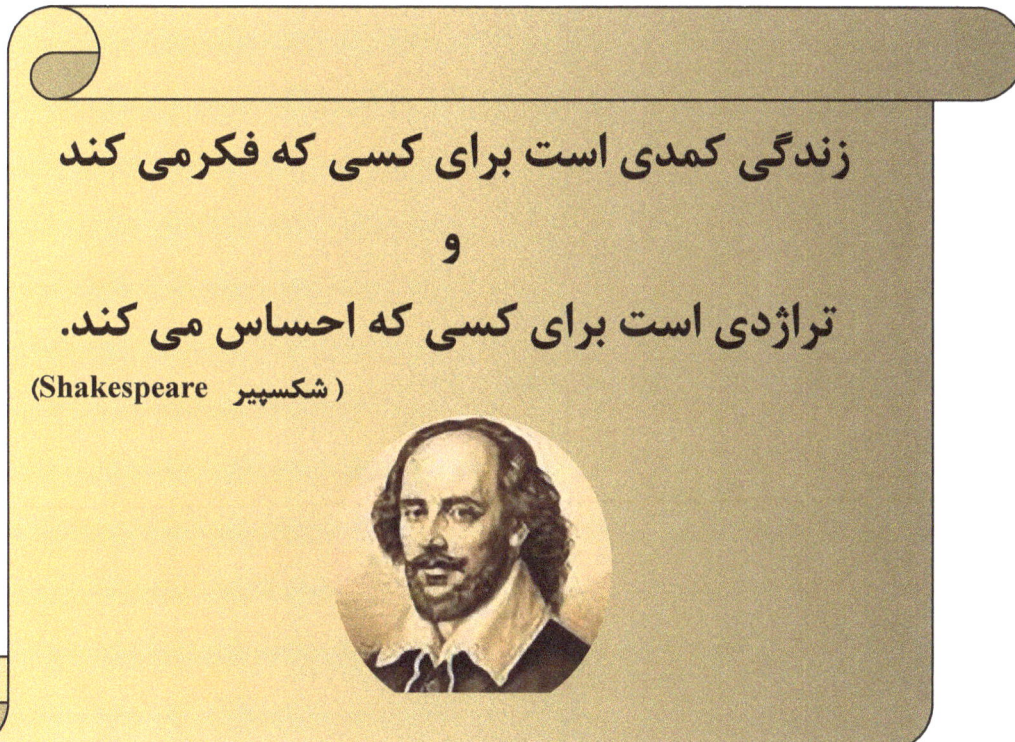

بازنویسی:

واژگان

شعر = هنر = انسان

عضو	Member
نوع بشر	Human kind
سرشار	Rich
شور و اشتیاق	Inthasiasm
پزشکی	Medical
حقوق	Law / right
تجارت	Bussines
مهندسی	Engineering
ادامه زندگی	Continue living
زیبایی	Beauty
افسانه	Myth / Fiction
عشق	Love
خاطرنشان	To remind / Pointed
نقل قول	Quotation
مُکرر	Repeated
زنجیر	chain
بی ایمانی مان	Our disbelief

آکنده	Full
ابلهان	Stupid
به چه باید دل خوش کرد	What to like
یگانگی	Oneness / uniqness
کلامی	Theological /one word
بیافزایی– اضافه کنی-	Added
قابل تحمل تر کردن	Mortalerable
اشتباهات	Mistakes
هنر زندگی کردن	The art of living
هنر عشق ورزیدن	The art of love
مراقبه کردن	Meditate / Concentrate
آموزش نمی دهد	Does not teach
تدریس می شود	Is taught
احساس	Feeling
شوخ طبعی	Sense of humor
نیایش	Pray

شعر - هنر - انسان

ما شعر نمی گوئیم یا شعر نمی خوانیم   چون شعر زیباست

ما شعرمی خوانیم یا شعر می گوئیم   چون ما عضوی از نوع بشر هستیم و نوع بشر سرشار از شور و اشتیاق است.

پزشکی ، حقوق ، تجارت و مهندسی همه ی این ها برای ادامه زندگی لازم است.

است. و عشق اما شعر ، زیبایی ، افسانه

این چیزهایی هستند که ما برای آن زنده می مانیم

(نقل قول از والت ویتمن [1])

ای من ، این زندگی ، درمیان این همه پرسش های مُکَرر

در میان زنجیره ی بی پایان بی ایمانی مان

در شهرهای آکنده از ابلهان   به چه باید دل خوش کرد؟

پاسخ به این که تو این جایی

که زندگی هست و یگانگی

که نمایش بزرگ هم چنان پا برجاست

تا تو هم کلامی بر آن بیفزایی

هُنَر روشی بسیار انسانی برای قابل تحمل تر کردن زندگی است

(کورت رته گات [2])

اگر تو نتوانی بخندی ، برقصی ، آوازبخوانی ، زندگیت مانند یک کویر است.

زندگی باید مثل باغی شود که در آن پرندگان آواز می خوانند ،گلها شکوفه میدهند و درخت ها به رقص در می آیندؤ جایی که خورشید با شادمانی برخیزد.

این یکی از بزرگترین اشتباهات بشر است که در دنیا هیچ دانشگاهی هنر زندگی کردن ، هنرعشق ورزیدن و هنرشاد بودن و مراقبه کردن را به مردم آموزش نمیدهد.

تمام چیزهایی که در دانشکده ها تدریس می شود می توانند به تو احساس شوخ طبعی بدهند.

به جز عشق نیایشی نیست (اوشو [3])

---

[1] **والت ویتمن شاعر آمریکایی** (Walt Whitman)

[2] **کورت رته گات رمان نویس آمریکایی** (Kurt Vonnegut)

[3] (Osho) **اوشو فیلسوف هندی**

بازنویسی:

بخش ششم

واژگان روزانه (روزمره) زبان فارسی

ویژگیهای فردی (شخصی)
Personal Characteristic

Jealous	حَسود	Adventurer	ماجراجو
Lazy	تنبل	Ambitious	جاه طلب
Loyal / Faithful	با وفا– وظیفه شناس	Inventive	مبتکر– اختراع کننده
Lovable / lovely	دوست داشتنی - مَحبوب	Athlete	ورزشکار
Moody	دَمدَمی – اَخمو	Bold	جسور
Methodical	با روش - مُنَظم	Chairman / boss	رییس مابانه
Mischievous	شیطان – بد جنس	Protector / carer	مراقبت کننده
Obedient	فرمانبردار	Courageous	با جرائت
Optimistic	خوش بین	Cheerful	خوش رو
Patient	صبور	Clever	با هوش -زرنگ
Persistent	پایدار- سِمج	Compassionate / kind	مهربان - دلسوز
Pessimistic	بد بین	Conceited / proud	خود پسند - مغرور
Impressive	خودنمایانه– گیرا	Concerned	دلواپس - نگران
Proud	پر افتخار– سر بلند	Confident	مطمئن– راز دار
Quiet	ساکت– بی صدا	Courteous-polite	با ادب
Fearless	بی باک– نترس	Curious	کنجکاو
Respectful	آبرومند – پر احترام	Determined	مُصمم- با اراده
Rude	بی ادب - گستاخ	Disobedient	نا فرمان
Ruthless	بی رحم- سنگدل	Disrespectful	بی احترام– بی اعتنا
Selfish	خود خواه– خودپسند	Energetic	پر تلاش- پُر توان
Serious	جدی– مهم	Fearful / scary	بیمناک - ترسان
Shy	خجالتی– کمرو	Forgiving	بخشنده - رحیم
Talkative	پر حرف– پرگو	Friendly	دوستانه
Talented	با استعداد– با قریحه	Generous / Gracious	بزرگوار - بَخشنده
Thoughtful	با فکر– اندیشمند	Helpful / Helper	کمک کننده - مفید
Thoughtless	بی فکر - بی توجه	Honest	راست گفتار- درست کار
Trustworthy	قابل اعتماد	Impulsive	هوسی –بدون فکر قبلی
Violent / Rough	خشن– سفت	Intelligent	با هوش-/ هوشمند
Witty / Funny	بذله گو– شوخ	Intoleran /Incompatible	نا سازگار– بی گذشت

چگونگی ها (صفت ها)
General Adjectives

Magnanimous	بزرگوار - نظر بُلند	Bad tempered	بد اخلاق - تند خو
Joker	بذله گو - شوخ	Founder	پایه گذار - بنیان گذار
Unconditional	بدون شرط - قطعی	Pessimistic	بد بین
Roasted	بو داده	Miserable	بد بخت - بینوا
Blond	بور	Malicious	بد جنس - بد اندیش
Local	بومی (محلی)	Insomniac	بد خواب - بیخواب
Valuable	بها دار - گرانبها	Malevolent	بد خواه
Conscious	بهوش	Suspicious	بد گمان
trashy	بنجل - مُزخرف	Spoiled	بدعادت - لوس
Awake	بیدار	Inelegant	نا هنجار - نا زیبا
Unemployed	بیکار	Debtor	بدهکار
Slave	برده	Elegant	برازنده
Sharp	بُرَنده - تیز	Furious	بر آشفته - عصبانی
Cheerful	بشاش	Patient	برد بار - شکیبا
Complicated	بغرنج - پیچیده	Winner	برنده
Ineffective	بی اثر - بیهوده	Youthful	برومند - جوان
Useless	بلا استفاده - بی فایده	Nude	برهنه

چگونگی ها + پیشوند " با "

Adjectives + prefix " ba"

Respectful	با احترام – آبرومند	Peaceful /calnly	با آرامش – صلح آمیز
Proudly	با غرور	Honorable	شریف – بزرگوار
Tasteful	با سلیقه	Informed	با آگاهی - با اطلاع
Literate	با سواد	Modest -humble	با تواضع – فروتن
Intelligent	با هوش	With perseverance	با پشتکار
Political	با سیاست	With generosity	با سخاوت – بخشنده
Personable	با شخصیت - جذاب	Valuable	با ارزش
Sensible	با شعور – معقول	With endurance	با استقامت
Competent	با کفایت	With appetite	با اشتها
Cultured	با کمال – تربیت شده	Noble	اَصیل – نجیب - شریف
Gracious	با گذشت - بخشنده	Honest	با صداقت - راستگو
Kindness	با محبت	Experienced	با تجربه
Humane	انسانی – مهر آمیز	Polite	با تربیت
Joyful	با نشاط - شاد	Brave	با جرات - شجاع
Faithful	با وفا – با ایمان	Pleasant	خوش آیند - دلنشین
Wise	با خرد - دانا	With a veil	با حجاب
Talented	با ذوق – با استعداد	Warm	با حرارت - خونگرم
		Patient	با حوصله - صبور

چگونگی ها + پیشوند "بی"

Adjectives + prefix " be"

Informal	بی تعارف – غیر رسمی	Boneless	بی استخوان
Innocent	بی تقصیر- بی گناه	Talentless	بی استعداد
Uncivilized	بی تمدن	Low born	بی اصل و نصب - فرومایه
Ineffective	بی تاثیر – بیهوده	Uninformed	بی اطلاع - جاهل
Careless	بی توجه – بی دقت	Invalid	بی اعتبار
Unstable	بی ثبات – نا پایدار	Oblivious	فراموشکار - بی توجه
Useless	بی ثمر – بی فایده	Endless	بی انتها - بی پایان
Inanimate	بی جان	Extreme	بی اندازه - بی نهایت
Inactive	بی جنب و جوش - سُست	Unfair	بی انصاف – نا عادلانه
Ungrateful	نا سپاس – حق ناشناس	Undisciplined	بی انضباط – تربیت نشده
Insensible	بی حس – غیر حساس	Unimportant	بی اهمیت
Shameless	بی حیا- بی شرم	Poverty	بی بضاعت - فقیر
Homeless	بی خانمان - آواره	Unrestrained	بی بند و بار
Unwise	بی خرد – نا دان	Weak	بی بنیه – ضعیف - ناتوان
Painless	بی درد – بی رنج	Odorless	بی بو
Without tention	بی دغدغه	Orphan	بی پدر
Defenseless	بی دفاع – بی پناه	Fearless	بی باک – نترس
Irreligious	بی دین	Shelterless	بی پناه
Unrelated	بی ربط – بی پیوند – نا مربوط	Moneyless	بی پول
Pitiless	بی رحم	Impatient	بی تاب – بی حوصله
Causeless	بی سبب – بی هدف	Inexperienced	بی تجربه – نا آزموده
Uneducated	بی فرهنگ	Impolite	بی تربیت
Unmerciful	بی مروت – نا مهربان	Unattended	بی سرپرست – بی مراقبت
Unemployed	بی کار – بدون کار	Illiterate	بی سواد – درس نخوانده
Thoughtless	بی خیال – بی فکر	Dishonorable	بی آبرو - پست
wakeful	بی خواب – شب زنده دار	Mindless	بی فکر
Flawless	بی عیب	Ownerless	بی صاحب – بی مالک

احساس های انسان
Human Feelings

Happy – happiness	شادی – خوشحالی – خوشحال شدن
Sadness – to be sad – depressed	افسرده – غمگین – غمگین بودن
Uncomfortable – upset – to be upset	ناراحت – ناراحتی – ناراحت بودن
Worried – be worry	نگران – نگرانی – نگران بودن
Angry – be angry	عصبانی – عصبانیت – عصبانی بودن
Scary – the fear	ترس – ترسیدن – ترسناک
Painful – have pain	دَرد – دردناک – دَرد داشتَن
Responsibility – being responsible	مسئولیت – مسئول بودن – مسئولیت داشتن
Relationship - being a friend - to Love	دوستی – دوست بودن – دوست داشتن
Hate – to hate	تنفر – نفرت داشتن
Bother – disturbance	زحمت دادن - مُزاحمت
Displeasure – suffering	رنجش - رنجیدن
To be Calm – have peace of mind	آرام بودن - آرامش داشتن
Being alone – loneliness	تنهایی – دلتنگی
Love – fall in love – lover	عشق – عاشق شدن
To be nostalgic	دلتنگ بودن
Exciting	هیجان – هیجان داشتن
fatigue – to be tired	خَستگی – خَسته بودن
Optimism	خوشبینی(صفت)
Pessimism	بدبینی(صفت)

نام شغل ها
Jobs

Pilot	خلبان	Teacher	آموزگار
Servant/ Maid	خدمتکار – پیشخدمت	Fireman/ Fire fighters	آتش نشان
Singer	خواننده – آوازخوان	Haircuter/Hair stylist	آرایشگر
Dentist	دندانپزشک	Chef	سر آشپز
Student	دانشجو	Ironsmith	آهنگر
Veterinarian / Vet	دامپزشک	Composer	آهنگساز
Journalist	روزنامه نگار	Officer	افسر
Driver	راننده	Professor	استاد – آموزگار دانشگاه
Painter	رنگ کار	Business man	بازرگان
Mathematician	ریاضیدان	Retired	بازنشسته
Sweeper	رفتگر – جارو کش – سپور	Banker	بانک دار – صراف –
Baker/ Sweet pastry	شیرینی پز – نانوا	Electrician	برقکار
Glazier	شیشه بر – شیشه گر	Gardener	باغبان
Cashier	صندوقدار	builder	بَنا – خانه ساز – معمار
Designer	طراح لباس – نقشه کش	Physician/ Docter	پزشک
Diver	غواص	Nurse	پرستار
Astronaut	فضانورد	Mailman /Postman	پستچی
Physiotherapist	فیزیوتراپ – تن درمان	contractor	پیمانکار
Seller	فروشنده	Police/ Cop	پلیس
Ship's captain	کاپیتان کشتی	Receptionist	پذیرگر
Employee	کارمند	Historian	تاریخ شناس – تاریخ دان
Labor	کارگر	Handyman	تعمیر کار
Factory owner	کارخانه دار – صاحب کارخانه	Operator	تلفنچی
Farmer	کشاورز	Welder	جوشکار
Director	کارگردان	Surgeon	جراح
Detective / detector	کارآگاه	Geographer	جغرافی دان
Speaker/ Announcer	گوینده	Tailor	خیاط
Plumber	لوله کش	Housewife	خانه دار – کد بانو
Civil engineer	مهندس ساختمان	Correspondent	خبرنگار
Software (eng)	مهندس نرم افزار	Auto Mechanic	مکانیک ماشین
Hardware(eng)	مهندس سخت افزار	Interpreter	مترجم شفایی
Topographer	نقشه بردار	Coach	مربی ورزش
Building Painter	نقاش ساختمان	Stewardess	مهماندار هواپیما

نام شغل ها
Jobs

Musician	نوازنده - موسیقی دان	Sailor	ملوان
Actress	هنرپیشه ی زن	Carpenter	نجار
Actor	هنرپیشه ی مرد	Writer	نویسنده
Athlete	ورزشکار	Cartographer	نقشه کش
Lawyer	وکیل	Shopkeeper	کاسب
Engineer	مهندس	Interrogator	بازپرس
Expert	کارشناس - ماهر	Intern	کارآموز
Manager , Principal	مدیر - رئیس -	Ironsmith	آهنگر
Showman	اجرا کننده برنامه	Baker	نانوا
News announcer	گوینده خبر	Butcher	قصاب
Announcer	گوینده برنامه	Designer	نقشه کش - طراح
		Technician	تکنسین - کاردان - اهل فن

در خیابان و چهار راه

(تقاطع خیابان)

At street & Intersection

Jaywalk	کسی که از خط کشی عابرعبور نمی کند
Bus stop	ایستگاه اتوبوس
Barbershop	سلمانی مردانه
Video store	فروشگاه کرایه فیلم
Curb	کنار خیابان- لبه خیابان
Main road	خیابان اصلی
Sidewalk	پیاده رو
Parking meter	پارکو متر
Street sign	تابلو نام خیابان
Fire hydrant	شیر آتش(نشانی)
Cart	گاری خوراک فروشی
Street vender	فروشنده خیابان
Child care center	مرکز نگهداری کودک
Bike path	مسیر دوچرخه سواری
Walking dog	سگ راه بردن
Laundromat	مکان عمومی شستشوی لباس
Dry cleaners	خشک شوئی
Grocery	خواربارفروشی
Pharmacy	داروخانه
Parking space	جای پارک
Handicapped parking	پارکینگ ناتوانان
Corner	گوشه (خیابان)
Traffic ligh	چراغ راهنمایی
Bus	اتوبوس
Fast food restaurant	رستوران غذای آماده
Drive-thru window	سرویس گرفتن با اتوموبیل
Newsstand	دکه روزنامه فروشی
Mailbox	صندوق پست
Pedestrian	عابر پیاده
Crosswalk	خط کشی عابر پیاده
Cross the street	عبور از خیابان

در مرکز خرید
A Mall

Services	خدمات اطلاعات	Music store	فروشگاه موزیک
Travel agency	آژانس مسافرتی	Jewelry	جواهر فروشی
Food court	غذا خوری در مرکز خرید	Nail salon	سالن درست کردن ناخن
Icecream shop	بستنی فروشی	Bookstore	کتاب فروشی
Hair salon	آرایشگاه زنانه	Toy store	اسباب بازی فروشی
Electronics store	فروشگاه لوازم الکترونیکی	Pet stop	فروشگاه حیوانات اهلی
Elevator	آسانسور	Florist	گل فروشی
Escalator	پله برقی	Optician / optometry	عینک فروشی
Information center	مرکز اطلاعات	Shoe store	کفش فروشی
		Play area / play space	فضای بازی

نام میوه ها و سبزیجات

را به فارسی بیاموزیم

Fruit & vegetables

Tomato	گوجه فرنگی	Apple	سیب
Potato	سیب زمینی	Banana	موز
Onion	پیاز	Strawberry	توت فرنگی
Mushroom	قارچ	Cherry	گیلاس
Radish	تُربچه	Plum	آلو
Garlic	سیر	Orange	پُرتقال
Cauliflower	گل کلم	Watermelon	هندوانه
Eggplant	بادمجان	Pear	گلابی
Carrot	هَویج	Pomegranate	اَنار
Corn	ذُرت	Peach	هُلو
Green peas	نخود سبز	Grapes	اَنگور
Squash	کَدو رشتی–کدو مسما	Cantaloupe	طالبی
Broccoli	بروکلی	Kiwi	کیوی
Green pepper	فلفل سبز	Lemon	لیمو
Chili pepper	فلفل قرمز	Tangerines	نارنگی
Celery	کرفس	Fig	انجیر
Parsley	جعفری	Sour cherry	آلبالو
Dill	شوید	Berries	توت
Mint	نعناع	Pineapple	آناناس
Green onion - scallions	پیازچه	Apricot	زردآلو
Cabbage	کلم	Cucumber	خیار
Tarragon	ترخون	Mango	انبه
Spinach	اسفناج	Graperfruit	گریپ فروت
Turnip	شلغم	Coconut	نارگیل
Beetroot	لبو	Blackberry	شاه توت
Basil	ریحان	date	خُرما

نام لباس ها
را به فارسی بیاموزیم
Clothing

Blouse	بلوز	Skirt	دامن
Sandal/ Slippers	دمپایی	Jacket	ژاکت
Umbrella	چتر	Dress	پیراهن زنانه
Gloves	دستکش	Shirt	پیراهن مردانه
Scarf	شال گردن	Raincoat	بارانی
Men Scarf	شال گردن مردانه	Briefcase/ Purse	کیف زنانه
Underwear	زیرپیراهن	Shoes	کفش
Glasses	عینک	Tie	کراوات
Sunglasses	عینک آفتابی	Socks	جوراب
Over coat	پالتو	Pant	شلوار
Sport shirt	لباس ورزشی (گرمکن)	Men's Hat	کلاه مردانه
Woman's swimsuit	مایو زنانه	Coat	کت
Men's swimwear	مایو مردانه	Robe / home lingerie	لباس راحتی خانه
		Belt	کمربند

واژه های پارسی دستور زبان

Grammars word

English Grammars	واژه های فارسی(قدیم)	واژه های پارسی
Persian Alphabet	الفبای زبان پارسی (فارسی)	وات های زبان
Short vowels	صدا های کوتاه	آواها های کوتاه
long vowels	صدا های بلند	آوا های بلند
Farsi letter	حروف زبان فارسی	وات های زبان پارسی
Prepositions	حرف اضافه	وات های فراز ساز
Simple sentences	جمله ساده	فرازهای ساده
Singular	مفرد	یکی
Plural	جَمع	بیش از یکی
Adjective	صفت	چگونگی
Comparative Adj.	صفت تفضیلی	چگونگی برتر
Superlative Adj.	صفت عالی	برترین چگونگی
Adverb	قید	چگونگی کنش
Personal pronouns	ضَمیر شَخصی	جایگزین های فردی
Conjugational ending	صرف فعل	شناسه های فردی
Simple verb	فعل ساده	کُنش ساده
Compound verb	فِعلِ مرکب	کُنش مرکب
The verbs tenses	زمان های فِعل	زمان های کنش
Pronouns	ضَمیر	جایگزین ها
Subject pronoun	ضمیرهای شخصی	جایگزین های فرد
Object pronoun	ضمیرهای مفعولی	کُنش پذیرهای فردی
Possessive Adj.	ضمیر ملکی	جایگزین های داشتن
Demonstrative Adj.	ضمیر اشاره	جایگزین های اشاره ای
Present indicative	مضارع اخباری	زمان حال خبری
Stem	ریشه فعل	ریشه کُنش
Past continuous	ماضی استمراری	گذشته ی تکراری
Simple past	ماضی ساده	گذشته ی ساده

Question /Negative / Affirmative
مثبت منفی پرسشی

من– تو – او – ما – شما– -آنها (ایشان)

دنباله واژه های پارسی...........

واژه های پارسی	واژه های فارسی(قدیم)	English Grammars
کنش پذیر	صفت مفعولی	Past participle
گذشته ی روایی	ماضی نقلی	Present perfect
گذشته ی دور	ماضی بعید	Past perfect
کُنش آینده	فعل آینده	Future tens
زمان حال شرطی	مضارع التزامی	Present subjunctive
واژه ی پیوند	حرف ربط	Conjunction
کنش امری	فعل امری	Imperative verb
کنش گذرا	فعل لازم	Direct object
کُنش ناگذر	فعل متعدی	Indirect object
خود (**جایگزین مشترک**)	ضَمیر انعکاسی	Reflexive pronoun
کُنش بی زمان و فرد	مصدر	Infinitive

۱۷۷

منابع
Refrence

کتابخانه ملی ایران

کتاب شعر زمان (۱) احمد شاملو ، از محمد حقوقی

کتاب شعر زمان (۲) اخوان ثالث ، از محمد حقوقی

کتاب شعر زمان (۳) سهراب سپهری ، از محمد حقوقی

سیر و سفری در گلستان ادب پارسی ، (نیما یوشیج) انتشارات گوتنبرگ

فرهنگ افسانه های ایرانی از انتشارات کتاب و فرهنگ

ریشه های تاریخی امثال و حکم ،(مهدی پرتوی به کوشش خسرو ناقد) انتشارات ایران معاصر

ویکی پدیا ، دانشنامه آزاد

About the Author

ShahlaShahbandeh was born in Iran. She is a senior instructor at the Iranian Community School in Vienna, Virginia.

Mrs.Shahbandeh has more than 30 years of experience teaching Farsi and French in Iran. She has taught at different school levels, including preschool, middle school, and high school. She has also developed methods of teaching, as well as curriculum in the Farsi language.

MrsShahbandeh received her BA at the University of Tehran. She has done studies in Farsi literature and new methods for teaching languages.

She was assistant faculty at the University of Public Relations in Tehran. She has also taught French language in a high school in Iran.

Mrs.Shahbandeh came to United States in 2004. She has taught Farsi to adult students at the ICS since 2008.

پایان

The End